特別付録①

いつでもどこでも星に行ける！

飛び出す木星願立て神社

星の波動を授かる！



☆裏面に願立て神社のイラストがあります。
☆使い方は65ページをご覧下さい。

# 木星願立て神社黄金宮

木星は地上の願いごとが聞き入れられ結実する星。
その木星には有名な「願立《がんた》て神社」があります。
今回ご案内する願立て神社「黄金宮《おうごんきゅう》」には、
黄金姫様がいらっしゃり、あなたの願いを聞いてくれます。
きっとかなえてくれると信じて
目の前に浮かび上がったお姫様にお願いしてみましょう。
もし願いがなくても、
木星の功徳で、見ているだけで楽しくて、
あなたに豊かな活発さがよみがえることでしょう。

# 特別付録②

## 北極星絵馬代

これは、星の神様に直接願いが届く特別製絵馬。北極星は、全ての災いを未然に防ぐ、最高の救済力を発揮する星です。特に、自分の生涯や進路に関わること、才能開花などの分野において、大いにパワーを発揮して下さるものです。

（使い方・送り先は、104〜108ページをご覧下さい）

北極星
青玄宮御祈願

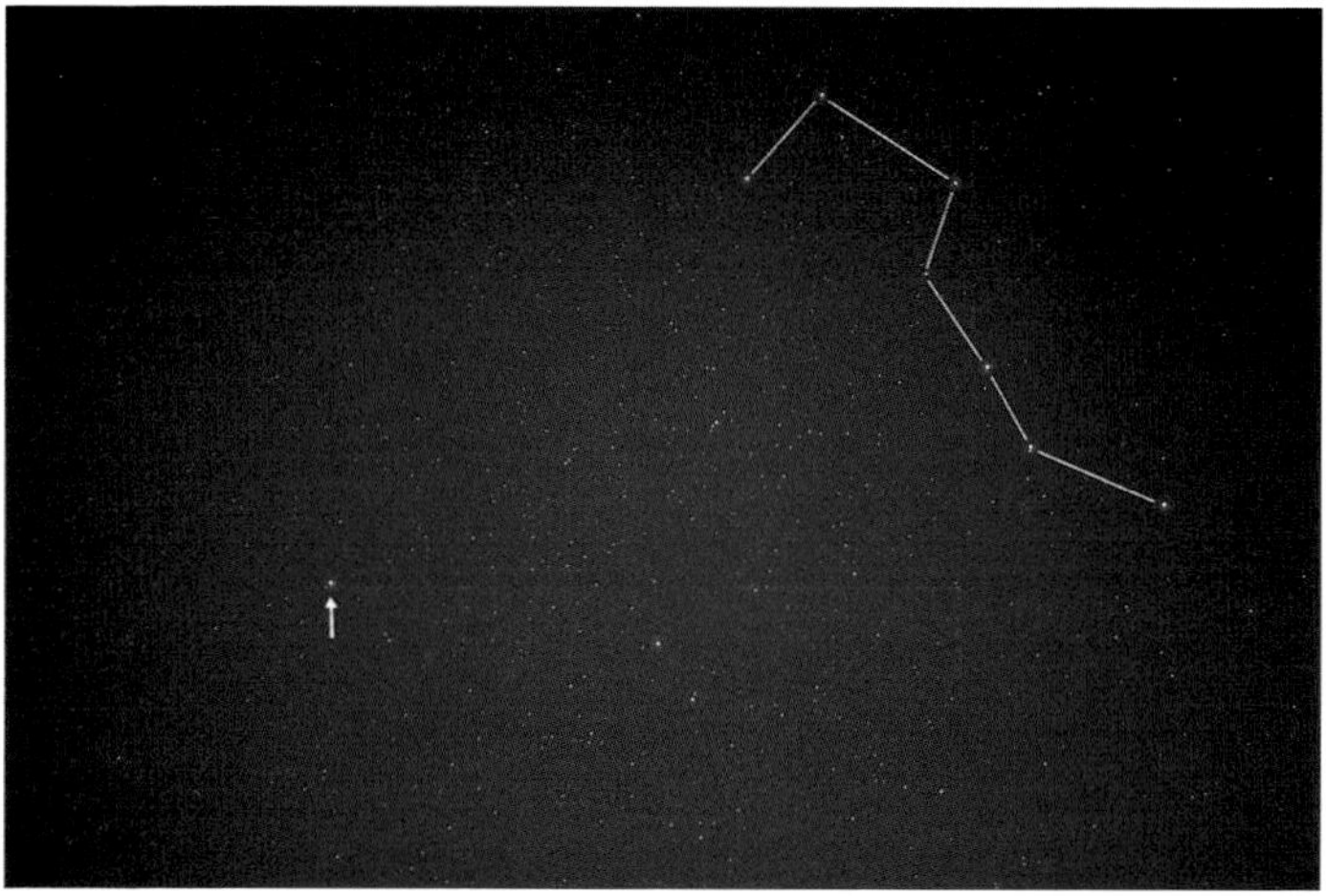

宇宙からの強運版

☆この絵馬代は、年２回の大神事にて、
私が直接お焚き上げさせていただきます。
《深見》

北極星
青玄宮御祈願

（お願いごと）

（住所）

（お名前）

Tachibana Shinsyo
TS

# 宇宙からの強運

東州土偶
又の名を 深見東州

たちばな出版

本書は、平成七年八月に弊社より発刊された
『宇宙からの強運』を再編集のうえ発行しました。

# 宇宙からの強運　――　もくじ

第2章

# 人生を最高に生きる！

第3章

## 考え方の工夫で生き方のコツを掴む

## 第4章

## 新しい時代に入る準備をしよう！

### ——神人合一の道は生活修行にあり——

## 《特別付録》

# 序章

# あなたも「宇宙からの強運」を得られる！

## 人なみはずれた強運を持つには

「宇宙からの強運」というタイトルに、皆様は何を思われただろうか。

「え⁉ 強運が宇宙から来るの？」

と、半信半疑の方もおられるだろう。

だが、本当に来る。正しくは、強運は星から来るのだ。

世界には昔から、占星術といわれるものがあった。夜空に輝く星を眺めて、太古の人々はそこに神秘なるはたらきを感じ取り、未来を占ったのである。

これを迷信と一笑に付す前に、なぜホロスコープというものが、あれほどよく当たるのか考えてほしい。眠れる予言者といわれたエドガー・ケイシーも、

「ホロスコープは、人の未来をほぼ100％見通すことができるのだが、受け手である占い師のレベルがまだ低いので、それを完全に読み取ることができないだけだ」

という旨を述べているそうである。

ホロスコープ等で人の運命を占うことが可能なのは、星から神霊的エネルギー

が発せられていること、そしてそれが、地上に生きる人々に実に大きな影響を及ぼしていることを示しているのだ。よく、ラッキーな人を指して、「彼は幸運の星のもとに生まれている」などというが、まさに言い得て妙である。

このことは、強運を得る上で実に重要なポイントなので、よく理解していただきたい。夜空に輝くあの星々は、人の体と同じように、三層構造になっている。この本の前作ともいえる『強運』（たちばな出版刊）に既に述べたことだが、少々聞いていただきたい。

人間の体は、一番「外側」に肉体があり、その「内側」に霊が存在し、「中心」部分には魂がある。この外側、内側というのは、三次元的な内外ではなく、次元の違いを示している。つまり、肉体は三次元的存在だが、霊は四次元的存在となり、魂はさらに上級の世界に存在しているというわけだ。もちろん、この三者は密接に結びついているのだが――。このことは、高度な霊眼が開けた方ならば、実際に観察してご理解いただけると思う。

ところが、星の世界も同じような構造になっているのだ。望遠鏡で見えるゴツゴツした岩肌、あるいは灼熱のコロナなどは、人でいえば肉体の部分。すなわち三次元的な表面部分というわけだ。

しかし、次元をスライドさせて見ると、星にもちゃんと霊や魂の部分が存在している。しかしこれは、どんな高性能の望遠鏡でも見ることはできない。唯一、人間の霊、あるいは魂を以て、見ることができるのみである。

そして、それぞれの星には特徴があり、ランクがあるのだ。

例えば、月は六年後の地球の未来を映す世界である。土星の一部には地獄界がある。水星には遊園地のような世界と、真理探求のエネルギーの源がある。木星神霊界のある場所には、まさに幸運の女神のような神がいらっしゃる……など。ホロスコープで、木星を「幸運の星」と呼んだりするのは、ある程度このあたりを言い当てているといえよう。

そして、この星の神霊界を統率している方を、その星の「主宰神」様と申し上げる。星からのパワーとは、この主宰神様が授けて下さるパワーでもあるわけだ。

人は死んだ後、肉体を脱ぎ捨てると、生前の心の深部の状態と行いに応じたレベルの星に行くことになる。無論、三次元的な表面部分でなく、その星々の霊的部分に行くのだが。これがいわば、「天国」や「地獄」なのである。このあたりの詳しい話は、それだけで一冊の本になってしまうほど膨大であるので、別の機会に譲ることにしよう。興味のある方は、拙著『強運』や『大創運』などを参考にしていただきたい。

## 神霊能力者たちの秘密と「星世界」

さて、話を元に戻そう。星々から「強運」を得る方法についてである。

簡単にいえば、この星の霊的部分（星の霊界）、あるいは魂の部分（星の神界）に感応することで、信じられないような大運勢が、まさに天から降ってくるのだ。あとは、それを全身に浴びるだけでいい。

では、どうすれば星の世界に感応できるのか。

まず、一番強く感応できるのは、やはり直接星の世界に行くことだ。といっても、もちろん宇宙船で星まで行けというのではない。あくまでも、魂で星の神霊界にトリップすることを指している。

人は死ねば、誰でも星の世界に行けるのは、先に述べた通りである。その世界では、空も飛べるし、思ったものがパッと出てくる。だから、死んだ後には誰もが霊能者や超能力者であることができる。だから私は、「霊能力者になりたい」という人には、「焦らなくても、死んだらすぐに霊能力が使えますよ」と答えることにしている。（ただし、地獄に落ちたら、霊能力を使うどころではなくなるが――）

しかしできれば、生きているうちに星世界に感応し、星のエネルギーを得て強運を授かりたいものだ。

実は、神霊世界から特別に許された者は、生きているうちに星世界へトリップできるのだ。過去、人々から「予言者」とか「神の使い」と呼ばれた人物――ノストラダムスやスウェーデンボルグ、宮地水位、役小角《えんのおずね》などは、自由に星世界に行って、人類の過去や未来までもかいま見る力を持っていた。そこで見聞したことを、人々に紹介した内容が、今日「予言」として残っているのである。すなわち星の世界に行くと、大運勢が授かるばかりか、過去や未来までも知ることができるというわけだ。

## こうすれば星のパワーを得られる！

しかし星へのトリップは、先にも述べたように、神霊界の許可を得た一部の人間しか許されていない。だが、そうでない人にとっても、方法がないわけではない。それが、私の著書ではおなじみの、『星ツアー』（人の御魂《みたま》を霊界や神界に連れて行くというもの。年に数回、行なっている）である。文字通り、一般の人でも星の神霊界にツアーできるという、私が神様から授かった救済秘儀の一つだ。

ツアーといっても、もちろんまったく無害だし、飛行機と違って落ちたりしない。それに、海外旅行ならおみやげを買って帰ることになるが、星ツアーでは星の世界から「おみやげ」、すなわち特別な大運勢が授かるのだ。しかも、この「おみやげ」は星によって種類が違う。大金運であったり、インスピレーションであったり、恋愛運であったり……。ツアー後、現実界にハッキリとした「おみやげ」の証が出てくるのが特徴であり、この点で、瞑想や暗示などによる幻想とは区別することができる。

さらに、星の世界にツアーしたときは、人の世界の気を超越した、なんともいえないすがすがしく繊細で幸せな神気を体感する。実は、これが星神界の気なのだ。

人は死後、星の世界に行くと述べたが、生きているうちにこの「星世界の神気」を覚えておくと、死んだ後も自由に、太陽・水星・木星・金星……と、その星々の神界を巡ることができるのだ。特に芸術家の方など、感性が鋭い方は、星ツアーで神界に足を踏み入れた途端、その玄々妙々たる神気に圧倒され、深い感動を得られるようである。かくいう私も、この星神界の神気は大好きで、星ツアーのたびに、思わずその素晴らしい気に浸ってしまうほどだ。

では、どうすればもっとも手っ取り早く、しかも常に星と感応することができるのか。それには、まず星に神霊的なパワーがあり、それが私たちの魂や、霊的部分や、運勢に大きく影響していることを確信することである。

この大宇宙の中に自分の肉体があり、そして幸運の星のエネルギーを、いま全身に浴びていることを意識する集中が大切である。そして、星を「見るもの」ではなく、星に見られている、守られている、導かれている、パワーを受けている！　と受け取ったとき、自分と星との間に霊的なかけ橋ができる。すなわちその瞬間、星は自分と無関係な存在ではなく、たえずパワーを与えてくれる頼もしい存在となるのだ。

毎日意識すれば、このかけ橋はさらに強くなる。そして、星からのエネルギーがそのかけ橋をわたって流れ込み、運勢は向上し、守護霊もより一層守護しやすくなるのである。『強運』『大創運』に記した、それぞれの星の本当のはたらきと様子、幸運パワーの種類などを知っていただければ、星とのかけ橋はなお強くなるだろう。

## 宇宙からの強運を得る二大ポイントとは？

しかし、「宇宙からの強運」を得るためには、これだけではまだ足りない。要は、人の器の問題である。小さな器に大量の水を流し込んでも溢れかえってしまうように、星のパワーを受ける側の人間が、そのパワーを阻害する要素をたくさん持っていたならば、せっかくの星パワー（神力）も、現実界に現れてこないのだ。こんなにもったいない話はない。逆にいえば、この「星のパワーを阻害する要素」が少ない人が、星の神様に愛されている人なのだ。
では、この「星のパワーを阻害する要素」とは何か。あるいは悩みごとであったり、経験不足であったり、努力不足であったり、怠惰であったり、神様への祈り不足であったり……と、人によって千差万別、実に様々である。しかし要は、神様から見て「この人になら、パワーを十分に与えたい」と思っていただけるような、立派な人、よき御魂の人となることだ。
そして、ますます自らを磨き、「星のパワーを阻害する要素」をなくしていくと、「神様の如き人」「神様と人が一体化した人」となる。これを神人合一《しんじんごういつ》という。こうなると、星のパワーをいただくというよりも、その星を主宰する主宰神様と合一するのだから、星のパワーをそのまま発揮しているような状態となる。（ただし、一口に神人合一といっても、龍神と合一するレベル、仏様と合一するレベル、星の神様と合一するレベル、複数の多くの星の神様と合一するレベル、全ての動きの中で天の理と完全に合一しているレベル……など、幾つものレベルがあるのだが、ここでは割愛させていただく）
そして、この「星のパワーを阻害する要素」を解消するにあたって、山に籠《こも》ったり、滝に打たれたりする必要はまったくない。現実的な生活の中にこそ、それを解消していく鍵が満ちあふれている。私の師匠である植松愛子先生は、これを「生活修行」と言っておられる。前著『強運』に、神様が喜ばれる身近な開運の秘訣として紹介した「整理整頓」などは、その最たるものといえるだろう。

宇宙からの強運は、宇宙への感応と、生活修行という、一見まったく関係のないような両者が融合して、はじめて得られるのである。だから本書では、現実に則した開運の方法をまず示し、各章の終わりごとに、「星に感応するノウハウ」を紹介するという構成をとっている。これが、宇宙からの強運を得るための、ガイドブックである。あとは、皆様が実践されるだけである。

## 宇宙観が変わる時代へ――

地球は丸くて、廻っていることを立証して迫害されたガリレオの時代から見ると、現代の人々の宇宙観は、大きく進歩した。

一九六九年に、アポロ宇宙船が月に着陸したときには、その歴史的シーンが衛星中継で世界中に放送された。月面の風景が、地球の茶の間のテレビ画面に映し出されたのだ。

また、一九七七年には『スター・ウォーズ』という映画が世界的に大ヒットし、それからは宇宙ものの映画、アニメの名作が続々と誕生した。

一九九五年まで十年間、少年ジャンプに連載され、子供から大人まで圧倒的な人気を博したあの『ドラゴンボール』も、星から星へと駆け巡る物語だった。これらは、インスピレーションにすぐれた創作家たちが、神界の様子をイメージでとらえ、写し出しているものといえる。

このあたりで、人々はもう一つ目覚めるべきだ。

科学の発達により人々の宇宙観が変わったが、神霊的知識を得ることで、また飛躍的に宇宙が身近なものとなるだろう。その時代はもう近い。

異なる次元の神霊界を知ることで、はじめてこの世である三次元の実体が見えてくる。だが、何も難しく考えることはない。できるだけ分かりやすく、面白く、開運のポイントを伝えることを心がけて、本書は書かれている。読み進むうちに、自然に神霊界の様子も分かっていただけることと思う。

直接目にすることができない星々にも、テレビの画面や、写真、資料、宇宙飛行士の言葉などから、思いを馳せられる現代である。目に見えざる神様や、守護霊、徳や業《ごう》の法則、縁、悟りなどについても、本書を資料とし、私を宇宙飛行士として、思いを馳せていただきたい。

東州土偶
又の名を　深見東州

# 第1章

# 神様に1000倍愛される方法

——逆境は神と出会うチャンスだ！——

## 悩みごとは成長の糧《かて》だ

人には皆それぞれ悩みがある。

どうもやる事がうまく行かないという悩み、運が悪いという悩み、顔が大きいという悩み？　までさまざまだ。これら一つ一つには、因縁や霊障（人の背後にいるたたり霊などの障《さわ》り）など色々な原因があるわけだが、誰もが皆、日々そうした悩みと戦いながら生きている。

この「悩み」というもの、本書のテーマである「強運」に深いかかわりを持っている。悩みが高じると、人の周囲には霊的な黒雲ができ、天から降りそそぐ強運を妨げることがある。ところが悩みとは、人の内面を成長させ、また強運人生を呼ぶ糧にもなる。使い方次第で吉にも凶にもなる、いわばジョーカーのようなものなのだ。ゆえに、まず最初に、この「悩み」について考えてみよう。

自分の性格についての悩み、学業の悩み、仕事の悩み、男女間の悩み、金銭の悩み、人間関係の悩み。悩みがある時、人は当然苦しむ。しかし悩むということは、少しでも良くなろうということの現れであるから、進歩・向上の第一歩と言運の悪い人生、自分の性格の嫌な面、ネガティブなところをそのままにしていたのでは、何の発展も望めまい。みんな悩んで大きくなるのだ。とりわけ若い頃の悩みは、成長の糧だともいえるだろう。

ところが、中には、非常に運がよく、性格も円満、体は健康、友達にも恵まれ、目上の人からは頼まなくても引き立ててもらっているという人もいる。しかし、そんな人でも悩みを抱えていたりする。どんな悩みかというと、

「なんで僕には悩みがないんだ」

「一度でいいから、ドラマでよくいう、『背中の哀愁』ってやつを出してみたい……」

と。

世の中には色々な人がいるものである。

私は、神霊家として神様と交流し、人々の悩みに答える救済活動を続けるかたわら、教育事業にも携わっている。その関係で、若い人を多く預かっており、こちらでも色々な悩み事をよく相談される。そして、真剣に一人ひとりの悩みに向き合って、とことん付き合っているうち、悩みには大体パターンがあるというこ

とが分かってきた。

悩んでいる時は、皆自分だけが苦しいと思う。自分だけが特別な悩みを抱えているると考えがちだ。しかしよく聞いてみると、誰でも悩むような問題を、誰でも悩むような時期に、誰でも悩むような内容で、誰でも悩むような顔をして悩んでいるのだ。

女の子の場合は、気分の浮き沈みが激しくて、大体いつも何かしら悩んでいるのだが、

「そうだろう、そうだろう」

と聞いてあげると、それでおさまってしまう場合が多い。理解してくれたというだけで満足なのだ。

男の子の場合は、明確な指針が必要な場合もあるが、やはり、分かってくれたということで大分精神の葛藤は静まるようだ。

言っても仕方がない問題だと分かっていながら、それでも悩むというのが人間の悩みなのである。

## 答えは自分で出している

　また私は、よくお母さん方からの相談も受ける。

「先生、うちの子は最近どうも……」

　と、始まるのだが、大体何を相談しているかが分かるまでに一時間くらいはかかる。

　しかし、ここは辛抱強く聞かなくてはならない。そして、話が三周半くらいして、ようやく、

「それで、うちの子はなかなか勉強しないんですよ」

　と本題に入るのだが、今度は色々分析が始まるのだ。

「まったく、父親に似たのかしら、いえ、お父さんはあれでなかなか辛抱強いところもあるから、おばあちゃんに似たのかしら。もう飽きっぽくって。性格に問題があるんでしょうか、それとも……」

　と。

　なるほど。確かに、そのお子さんには若干性格に問題があったとしよう。しか

し、ここで一言でも、

「そうでしょう。お子さんのそういう性格は――」

と、お母さんが息子をけなし嘆いていることに同調すると、お母さんの態度はパッと変わってしまう。

「でも先生、うちの息子はとっても優しい子なんですよ」

「……」

最初は私も真面目に考えて、お母さんとお子さんのために正しい知性で対応しようと懸命に頭を悩ませたものだ。しかし、大体要領が分かってからは、

「大丈夫ですよ。お子さんは才能がありますから、まだまだ伸びますよ」

と答えることにしている。すると、

「そうですか、先生、安心しました」

と二時間程話して帰られる。ああ、本当によかった、という顔をしてお帰りになられるのである。

要するにお母さんの悩みごとというのは、自分が心配だということなのだ。本当はお子さんを信頼しているのだが、不安感があるために、ああでもない、こう

でもないと、色々言うわけだ。色々言った上で、「でも、やっぱり息子は大丈夫なんだ」と、内心答えはあらかじめ決めてあるのだ。

だから親身になって、そこで何か正論を言うと、必ず教育論の議論になって、「あの先生は問題が多い」ということになってしまうわけだ。

最初は私も真面目に考えていたのだが、これがひとつのパターンだということが分かった。別に学習の指導をどうのと言っているのではなくて、それについては信頼しているから子どもを預けているのだ。けれど、心配だから、分かってほしい。心配だということを分かってほしい。分かってくれたら、いい人だということなのである。

そこで適当に「なるほど」と言わなくてはならないのだが、これはひたすら忍耐の世界なのである。

## 賢い相談の受け応え方

悩みについて考えるつもりが、悩みの相談に答えるコツの話になってしまった。

しかし、女性の悩みをしょっちゅう聞いている御主人、若い従業員から相談を持ち掛けられる職場の先輩方、経営者の皆さんなどにとっては、相手の悩みにどう答えるかも、悩みの一つかもしれない。受け応えのポイントは、

「ああ、なるほど」

と答えることだ。

この間《ま》、感覚、タイミングが全てである。

今夜の晩御飯のことを考えていても、明日のゴルフのスコアのことを考えていても構わないから、とにかく、

「そうか、そうか」

と。

「……というふうにしようと思うんですけど、いかがでしょう」

と言われたら、よほどの差し支えがない限り、

「うん、それがいいんじゃないの」

と賛成してあげる。すると、

「ああ、やっぱり」

と安心する訳だ。「ああ、相談してよかった」ということになるのだ。

それが、

「いや、あなたはこうすべきだ」

と言うと、

「えっ、でも私はこう思います」

ということになって、議論が始まってしまう。相手は初めから答えを自分で出しているから、何を言っても納得しない。そして結局、最初に自分で決めたとおりにするのだ。

だったら、初めから相談に来なかったらいいと思うのだが、まあ、相談とはそういうものなのかも知れない。

## 悩みの九割は理解されれば癒される

もちろん、本人がぎりぎりまで煮詰めて、こうすべきか、ああすべきか、と知的に求めている場合もある。そういう時は真剣に話を聞いて、場合によっては徹底的に討論すべきだろう。しかし、人間の悩みの八割から九割まででは、そうではないケースがほとんどなのだ。

だから、相談された事柄に対していちいち自分の考えを言うとか、力余って説教を始めるということよりも、とりあえず受け入れてあげるということが大切なのである。とにかく気持ちを分かってもらいたいというのは、男性、女性を問わず共通している。そういうことが、若い弟子たちに接してきたり、長年教育事業に携わっているうちに段々分かってきたのである。

かくいう私も、実は同じなのだ。話を聞いてもらうだけでも安心する。ただし私の場合は、聞いてもらう対象が「神様」なのである。

私が師匠の植松愛子先生と一緒に熊野に行った時のことだ。東京から南紀白浜まで飛行機で一時間四十分くらいなのだが、その飛行機というのが、YS11というプロペラ機。セスナ機をちょっとお兄さんにしたような小さなやつだったのだ。

正直言って、怖かった。ジャンボ機なら安心して乗れるのだが、このYS11を見た時には、冗談抜きで背筋が寒くなって足がガクガクと震えた。私は高い所がもともと怖い性分なのだ。そして案の定、震えたのは私ばかりでなく、飛行機も激しく揺れた。いつ落ちてもいいという覚悟がないと、あれは乗れない。

そこで私は、羽田から飛び立って白浜に降りるまで、一秒も休むことなくお祈りしていた。おかげで隣の植松先生から、

「何でそんなに祈ってるの？」

と言われてしまった。

しかし、そこで引き下がるような私ではない。

「これは、日本全国の男性、女性、すべての人たちの幸せを祈っているのだ……」

と言い張ったのだが、植松先生は笑っておられた。

そうなのだ。実は、飛行機の揺れを忘れるために祈っていたのだ。内容よりも何よりも、祈っている自分を神様に見ていて欲しかったのである。とにかく神様が祈りを聞いてくれていると思うだけで、安心するのだ。

聞いてくれようがくれまいがお構いなしにひたすら祈り続けると、神様もさすがに、

「もう分かった。長いのう、くどいのう」

とおっしゃられる。

しかし、それで引き下がるような私ではない。

「神様だったら、それくらい辛抱してください。私だって、長年お弟子の悩みや心配事を聞いてきたじゃあないですか。神様が聞いてくれなきゃ、いったい誰が私の悩みを聞いてくれるんですか」

と。

## 悩みごとは自分で煮詰めろ！

人には皆、それぞれ悩みがある。これは、肉体を持ってこの世で生活する人間の、宿命とさえいえよう。

神霊家の私も肉体がある以上、現実界で物事を進める上では、いつも悩み、葛藤して、苦しんでいる。しかし、もし私が、いつも不平と不満とグチばかり言っていたらどうだろう。

私はワールドメイトのセミナーで、会員の皆さんに色々なお話をしているのだ

が、もしそこで、

「神人合一《しんじんごういつ》の道を進めていく上で、今これこれに悩んでいて、これこれに苦しんでいて、こうしようと思うんだけど、違うかなーとも思うし、そうかなーとも思うし……云々」

なんて、自分の悩み告白や、グチのオンパレードのようなセミナーをやっていたら、誰も私に相談には来ないだろう。

分かってほしい、理解してほしいと絶えず人に言っているような人。彼とちょっとケンカしたからといって、大騒ぎして友達に電話をしまくっているような人に、真剣な悩みごとがあった時に相談したいと思うだろうか。自分の問題を自分で解決できないで、グチや繰り言を繰り返してばかりいる人に、他人の問題を解決する智恵があろうはずはない。

「世のため人のため」と人はよく口にするが、それにはまず家族でも親戚でも友人でも、一番身近な人の相談に乗ってあげられる、相談を持ち掛けられるような自分になることがまず第一歩だ。『大天運』（たちばな出版刊）にも書いた通り、世の一号、人々の一号け、他ならぬ自分自身なのだ。まずは、自分のことはすべて自分ででき、幸せになれること、それが、とりも直さず「世のため人のため」の最初である。

そのためには、まず、悩み事、相談事はすぐ人に言うのではなく、九分九厘まで自分の中で煮詰めることである。

逆に言うと、人からよく相談を受けるようになるということは、自分が無意識的に発しているグチや不平、不満もずいぶんと減ってきた、九割の問題は自分で解決するようになってきた、というひとつのバロメーターにもなるわけだ。

しかし、それだけではストレスが溜まってしまうから、健康でさわやかになるためには、神様にみんな押し着せてしまえばいいのだ。

私のように飛行機に乗ったらすべて神様に投げ掛けてしまう。自動車でも電車でも、歩いている時でもトイレの中でも、絶えず祈って、心配事、相談事、不安や葛藤を全部神様に投げ掛けてしまうのだ。もう、これ以上言いようがないところまで吐き出すと、胸がスカッとして、大変気持ちが良くなる。

これが、いわば秘伝であり、ポイントである。「神様に押し着せる」などと言うと、中には「なんと畏れ多いことを……!」と眉をひそめる方もおられるかもしれない。たとえばキリスト教とか、一神教系の信仰をされている方は、特にそうかもしれない。しかし、日本の神様は大変おおらかで、この世の私たちが話しかければ、耳を傾けて下さるお優しい存在なのだ。

飛行機が降りるまでお祈りが続かないようだったら、あの神様、この神様と次々に違う神様に同じことを祈ってもいい。そのうち二時間ぐらいたってしまうから、気が付くと飛行機は着陸している。するといつの間にかストレスも消えているのだ。

## 現実界を改善する努力が大切

私はこうしたことを、自分の弟子には十数年言い続けている。神様の道を目指して、神様の道を歩もうという人間が、悩み事や心配事を人に相談するようだったら、一体いつ、目には見えない、玄々微妙な神霊世界と交流するというのだろうか。

見える世界は誰でも見ているのだが、見えない世界と交流するというのは、例えばレントゲン技師のようなものだ。

「息を吸って、はい止めて」

と。

これでレントゲンの技師には、目に見えないX線が通るということが、ちゃんと分かるのだ。目には見えないけれども判断できるわけだ。

これと同じように、目に見えざる高貴な存在に対して常に親しみ、自分をぶつけていくということを続けていくと、必ず、「祈りが通る」ということが実感できるようになる。投げ掛けた分だけ、神様から返ってくるのだ。それが、閃《ひらめ》きであり、発想であり、運であり、巡り合わせである。

悩み事や不安感、葛藤がある時というのは、そうした目に見えない高貴な存在、神様や守護霊さんと交流するためのチャンスだとも言えるだろう。

しかし、これだけに偏すると、問題も生じてくる。つまり、いつも満たされないといって求めているだけでは、現実逃避的な心を慰めるだけの信仰で終わってしまうのだ。

これは、第二次世界大戦直後の、日本が非常に苦しかった当時に出てきた宗教像だ。海外でも、キリスト教が広まっていったベースはそういうところにあった。あるいは、仏教的なものの中にも、そういう傾向があるようだ。しかし、今は時代がちがう。本気で努力すれば、ある程度のものは解決できる世の中である。

男女の問題なら、スパッと別れれば、新しい恋人に出会う機会はいくらでも転がっている。夫婦でも、とことん悩んでどうしても駄目な場合は、スパッと離婚してしまえば、解決する。お金の問題ならば、人の三倍働けばいいし、病気なら手術をすればいい。離婚が許されなかった時代や、死にもの狂いで働いても暮らせなかった時代、また病が横行していた時代に較べれば、いかに今は素晴らしい時代であることか。人類史を見れば、努力しても解決策が出ようがないような時代がほとんどだったのである。キリスト教も仏教も、そうした時代に出てきた宗教だった。

もちろん、今でもどうしても解決できないこともある。しかしほとんどは、努力すればある程度解決できる時代になってきた。そういう意味では現代は、非常に素晴らしい時代になってきたと言えるだろう。

悩み事や心配事は、神様にぶつけていく。そして祈れば、心が静まっていき、神様を希求する心は益々強くなっていくだろう。さて、そこまで来たら、今度はそれをベースにして、現実界を改善していく努力をすることが大切である。

先程言ったように、理解してほしい、分かってほしいというのが、人の悩みのほとんどである。だから、九割までの問題は人に迷惑をかけずに、自分のことは自分で解決する。そして、残りの一割の真剣な問題は、まず神様に相談してから、人にも相談して、現実的に解決することが必要なのである。

## 祈りが生まれる時

「神様神様」と一生懸命生きている人、努力しなくても、いつも神様に心が向かっている人というのは、どういう人だろうか。

健康で明るくて、頭もよくて、学歴もあって、何でも調子よく思うようにスイスイ物事が運んでいくという人は、神様というものを頭の中では美しく思い描いているかも知れないが、まず、神様に相談しようという気にはならないだろう。

家庭環境でいうなら、新婚ホヤホヤの熱々カップルや年季の入った円満夫婦よりも、夫や妻との相剋があって家にいてもどこかで孤独を感じている人。あるいは、子供に問題が多く（本当は親のほうがもっと問題なのかも知れないが）、いつも心を悩ませている方。そういう人のほうが自然と神様に心が向いていくようだ。

しかし、挫折や問題があれば必ず神様に心が向かうのかというと、そうばかりとは限らない。例えば異性に対する恋愛のほうへいく場合もある。

受験に失敗して浪人生活をしている時とか、会社が潰れて失業してしまった時、あるいは誰かに裏切られたり、失恋して孤独になった時というのは、誰でも心が寂しくなる。そして、本当に自分のことを理解して、励ましてくれる人を求めるものだ。その孤独から救ってくれるのが恋というものである。そんな時に出会った異性というのは、本当に神様のように思えるものだ。恋する心が深まれば、それはほとんど信仰ともいうべき状態になる。神様のほうへ心が向かわない人は、恋愛で信仰の疑似体験をするわけだ。

というのは、真の信仰というのは、人と神との大恋愛に他ならないからだ。人が神様を思い、恋し、慕う。神様は人を慈しみ、愛して下さる。これが人と神との大恋愛だ。「神様、神様」といつも思って語りかけるほど、意識の中で神様と人との距離がグンと近くなるから、願いもきいていただきやすくなるし、功徳も大いに授かりやすくなるのだ。神様は決して裏切らないから、この恋愛に終りはない。

しかし、人と人との恋愛の場合には、そこまで燃え上がった恋心もやがて冷める時が来る。特に今の若い人は、熱しやすく冷めやすいようだ。

江戸時代に山本常朝《やまもとつねとも》という鍋島藩の侍が書いた『葉隠《はがくれ》』の中に、「武士道とは死ぬことと見つけたり、恋とは忍ぶことと見つけたり」というくだりがある。武士というのはいかに立派に死ぬかということが価値であり、恋愛においては、どれだけ忍ぶのかということで試されるということである。

「忍ぶ」ということは、孤独の中にいるということだ。孤独の中にいるからこそ、恋心はますます強くなっていくのである。

みんなに理解されて、祝福されて結婚して、子どもも出来て姑さんとも仲良く、幸せな家庭が築けたら、すぐに恋心はヒューと冷めていってしまうという場合もある。今の人が結ばれやすく別れやすいというのは、忍ぶという発想がないからだ。恋しいという孤独の中に身を置くことをしようとしないから、パッと燃えて、スーッと心が冷えていってしまうのだ。

もちろん、そこから発展して互いが慈しみ合うような深い関係になっていけばよいのだが、どんなに神様のように思えても相手も生身の人間なのだから、忍ぶことのない求めるだけの関係では持続しないことが多いのだ。

そして、それも駄目になってしまった時、前よりもさらに絶対的な孤独の中に置かれることになる。

「もう女なんて信用できない。友達も信用できない。先輩も信頼できない。親だって結局自分のことしか考えてないじゃないか。誰も僕のことを思ってくれる人はいないんだ。誰も僕のために何かしてくれる人はいないんだ」

そこまで追いつめられた時、はじめて孤独の暗闇を乗り越えて神への慕情が生まれてくる。目に見えない常なるものを希求するというのは、無常なるものを感じる時。現実の中で孤立した時に、自分を見つめてくれる存在を求めて、人はおのずから祈るようになるのである。

## 神様に熱烈に恋をする

だから、神様に愛されたいのだったら、時にはあえて自分を孤独の中に叩き込むということも必要なのである。その孤独の中で、はじめて自分が熱烈に神様を求め、神様に恋をするような気持ちが生まれてくるのだ。

例えば、砂漠の中を無線機一台を持って旅をするということを想定していただきたい。

一定の食料と水は持っているとしよう。地図はあるけれど、磁石は壊れてしまった。頼りは無線機だけで、呼び掛ければ一応こたえてくれる。

「もしもし」

「ハイ、ナンデスカ?」

なんて、恐ろしく無機的な合成音のような声で。とりあえず、生命の危機の時は、助けてもらえることは保証されているとしよう。

そして、砂漠の中をトボトボ、トボトボ歩いて行く。来る日も来る日も、誰と出会うこともなく、ただ太陽に照らされながら、歩いて行くのだ。

歩いても歩いても砂また砂。遥か彼方に見える街を目指して、歩いて歩いて歩き続けたのだが、いつまでたっても辿り着かない。

そしていつの間にか街影は消えてしまった。蜃気楼だったのだ。

「アレ、どうしよう！」

ということになって、

「もしもし、もしもし」

と、無線機に呼びかけるのだが、

「――」

「もしもし、もしもし」

「――」

「もしもし、もしもし」

「――」

とうとう、最後の頼みの無線機まで故障してしまったようだ。

エーッ、どうしよう、という時、残された道は、もう神様に祈るしかないわけである。

「神様ー、助けてー！」

方向も分からず、水も食料も尽きてきて、誰にも相談することもできない。不安と孤独の中で、初めて人は神様に心が向かうのだ。

そこで、ただひたすら祈って祈って、祈り続けた。

するとやがて頭の上に、パラパラ、パラパラと音がして、ヘリコプターが飛んで来た。

「おーい」

と手を振ると、プルン、プルン、プルンと降りてきて、助けに来てくれた。

「あー、ありがとう。助かった」

ところが、聞いてみると、全く関係のないヘリコプターで、本当はそんなところを飛ぶ予定はなかったということだ。たまたま、珍しい鳥の群れがいて、ちょっと見てみようと思って飛んできたら、人が手を振っていたので降りてきたというのだ。

「鳥を見に行こうと思わなかったら、ふだんは来ないところなんですけどね」

その言葉を聞いた時、

「あー、神様が聞いてくれたんだ、助けてくれたんだ」と実感するのだ。

極端なたとえではあるが、誰でも大なり小なり、人生の中でこうした絶対的孤独を感じることがある。こうした、絶対的な孤独の中からこそ、本物の神への慕情や思いが生まれ、完成していくのである。

## 孤独を友に生きること

だから、神様の道の御用のために生まれてきた人とか、使命のある人というのはどこかで自分が孤独にならざるを得ないような環境が準備されている。特に教祖さんになるような人のためには、神様は世の艱難辛苦をたっぷりと用意して、嫌というほど孤独の中に生きる時を作って下さるようだ。

聖徳太子があのように深く仏教を修められたのも、蘇我氏と豪族たちとの葛藤の中に我身を置いていたからだ。その孤独の中にいたからこそ、『世間虚仮唯仏是真《せけんこけゆいぶつぜしん》』、世間は仮で虚しいものだ、ただ仏のみが真実だ、という境地に立つことができたのである。

あるいは日蓮は、自らあえて迫害を受けるようなことも言っていたのだが、迫害される中で絶対なる孤独を味わいながら、それでも神仏に祈っていたのだ。だからこそ、あれだけの神通力を発揮し、新しい宗教性を確立することができたのである。

もしも本当の意味で、神様との交流を願う方は、神への慕情、神様を恋しいという気持ちを持ち続けることだ。そしてそのためには、孤独を友とすること、孤独を大切にすることだ。そうした時間と環境と場所を自分で作っていく努力をしないと、神様への思いのボルテージは確実に落ちてしまうことになる。

## 死にもの狂いの情熱が天に通じる

豊かで幸せな日々を送っている人というのは、それだけ徳があるのだから、それもいいだろう。しかし、もっともっと成長し、向上したいと願う人は、ある程度はこの絶対的な孤独を経ないと、本物にはならないのだ。

ノーベル賞を受賞した利根川進教授は「研究は情熱だ」と言っている。

どんなに頭脳が明晰でも、それだけでは不十分で、ただもうその研究に没頭して、朝から晩まで寝食を忘れて、その研究に情熱を傾け続けなければ、ノーベル賞を取るような発明や発見には到らないということだ。

ノーベル賞を受賞した後、利根川教授は、子どもが生まれて情熱が子どものほうに行ってしまって、さっぱり学問的な閃《ひらめ》きがなくなってしまったという。これは本人の弁である。

やはり、すべてに没頭していかないと、新しいものを生み出すということはなかなか難しいもののようだ。

これは芸術家でも同じだ。

一つの作品を生み出すということは、自分なりに作ればいいというわけではない。それが専門家から見て、芸術として評価を受けるかどうかという厳しい関門があるわけだから、常に前に作ったものよりもよいものを創り出さなければならない。

これは自分との闘いだ。絶対的な孤独の中での闘いだ。自分の内側から絞り出すしかないのだから、悶絶するような苦しみである。

音楽を作る時、絵を描く時、詩や小説を書く時も同じだ。悶々としながら、絞って絞って、絞り出しても出てこない時、

「出来ない、出来ない、出来ない、出来ないー」

と雄たけびをあげる。

この時にもう頼るのは神様しかないわけだ。

「神様ー、神様ー！」

と叫び続けて、この時、内面を突き抜けて、その情熱が神なるものに通じるのだ。

そして、ふわっと何かが授けられ、助けられる。すべての芸術はそのようにして生み出されるのである。

どうしたら、祈りが天に通じるか、神様が見守ってくれていることを実感できるのかというと、これはもうただ「情熱」の一言に尽きる。霊界というのは、要するに想念界、意識の世界だから、この壁をバーンと越えていくためには、ただひたすら死にもの狂いで情熱を傾け続けるしかないのである。

## 神に向かう心の必然

芸術家の中でも、特に漫画家の人たちというのは、究極までいくとみんな神様のほうに行っているようだ。

『子連れ狼』の小池一夫さんもそうだ。漫画やその原作を書くというのも他の創作活動と同じく、やはり孤独の中から絞り出すような作業である。

読者が待っている、でも書けない。締切に追われて、徹夜の連続で顔面蒼白になって、頬をひきつらせながらギリギリまで自分を煮詰めていくのだ。

そうした孤独の中にいるので、最終的にはみんな神仏の世界に行ってしまうのだろう。

『エイトマン』を描いた桑田二郎さんも「般若心経」の世界に行っている。少女漫画では『アマテラス』の美内すずえさんも完璧に行っている。

経営者にも信仰の篤い人が大変多い。

松下幸之助《まつしたこうのすけ》さんや土光敏夫《どこうとしお》さんばかりではなく、中小企業の社長さんでも、それぞれに自分の信仰する神仏を大切にしている人が非常に多いのだ。

それもやはり、孤独の中にいるからである。

中小企業というのは皆、一歩間違えば倒産してしまう。倒産すれば債権者に追われて酷い目にあうことは分かっている。経営者は皆、何人ものそういう同業者を目の当たりにしてきている。自分の決断次第で、家族ばかりでなく、従業員やその家族も路頭に迷わすことになるのだ。

誰に相談しても最後は自分で決断しなければならない。決断したことの責任は自分がとらなくてはならない。経営者もまた、いつもギリギリまで自分を追い込んで、孤独の中で闘っているのだ。だから必然的に心は神仏に向かうのである。

それがちょっと会社の業績がいいと緩んでくる場合がある。そして、それまでの反動で異常なくらいゴルフに凝ってしまったり、奥さん以外の女性に入れ込んでしまう。そうすると、当然、神仏にも心は向かなくなる。

そして気が付くと、時代の潮流に乗り遅れていたり、信頼していた社員が持ち逃げをしていたり、取引先がおかしくなっているのが初めて分かったりするわけだ。

これを放漫経営というが、倒産率が一番高いのが、この放漫経営なのだ。

次に倒産率が高いのが、一つヒット商品が出たけれど、後が続かなかったというケース。これも中小企業の場合、社長さんのインスピレーションの鈍りに問題があるわけだ。

そうした修羅場を乗り越えてきた経営者というのは、みんな信仰を持っている。深い信仰があれば、たとえ間違った決断をしたとしても、必ずそこで何かを気付かされる。そして、ギリギリのところで救っていただけるのだ。

そこで、

「神様、ありがとう」

と、より一層信仰を深めていくことになるのである。

## 吐きながらでも行動しろ！

孤独の中に身を置いて、ひたすら情熱を傾け続けること。

しかし、情熱を傾けようにも、何をしたらいいのか分からないという方もいるかも知れない。例えば、今やっている仕事が嫌で嫌でたまらないというような場合。これは二章で詳しく説明するが、今は嫌だ嫌だと思っても、ある年齢まで来たら、それで良かったんだと気付かされる場合が多いのだ。神様はそれをちゃんと見て下さる。そこで怠けてしまうか、一生懸命やるかが別れ目なのである。

やる気がない、どうでもいい、何をしていいか分からないという気持ちでいると、やる気がなくて、どうでもよくて、何をしていいか分からない浮遊霊が寄って来る。そして、益々、やる気がなくなり、どうでもよくなり、何をしていいか分からなくなってしまうのだ。

だから、仕事でも学問でも家事でも、きちんと目標を決めて、とりあえずやらなければならない目の前のことを一生懸命やることだ。

目標を決めて努力をすれば、魂が発動する。魂が発動すれば、守護霊さんや神様が加勢して、元気を与えてくれる。だから、なるべく暇を作らないで、「明日は一日中お掃除をするんだ。あさっては洗い物をするんだ。三日目は本屋さんに行って英語の本を買って一日勉強するんだ」などと決めて、それをとにかく実行することだ。

浮遊霊をつけたままの人でも、重たい体を引っ張って、頭痛と無気力で真っ青な顔でも洗い物をしていると、はじめは嫌々でも、そのうちリズムがついてくる。そうして二時間三時間と続けていくと、グーンと魂が発動して、ある瞬間パッと気分が変わる時が来る。何か急にふっ切れたように明るくなって、自然に微笑がわいてくる。これが守護霊さんが浮遊霊を追い出した後の笑顔である。

守護霊には「本人がやる気になって魂を発動させなければ、けっして直接守護してはならない」という霊界法則があるのだ。それまではじっと見守っているだけだ。もちろん、神様もずっと見ている。

だから、元気があってもなくても、やる気が出ても出なくても、調子に乗っても乗らなくても、とにかくやり続けること。吐きながらでも行動することだ。

## 神様の喜ぶことをしよう！

ところで皆さんは、人から愛される一番のポイントは何だと思うだろうか。

人から愛されるためのポイントは、その人がやってほしい事をやってあげることである。それも言われる前にやってあげると、より効果がある。

「お茶がほしいなぁ」

と思ってるようだったら、パッとお茶を出す。

「こんなものが欲しいなぁ」

と相手が思う物をパッとプレゼントしてあげる。

これで喜ばない人はよほどのヒネクレ者だろう。

これは男女の間だけに限らない。仕事でも、上司が欲しい資料は必要な時までにちゃんと作成しておいて、言われた時には、

「はい。用意してあります」

とパッと出す。

こういう人は会社においても出世間違いなしである。

あるいは、企業全体でも「お客様のニーズに応える」とは、要するに、人のしてほしいことをやってあげる、ということに他ならないのだ。

そしてこの原則は、神様にも通用するのだ。

では、神様が私たちに求めているのは、どんな事だろう。それが分かれば、後は実践していくだけで、神様に気に入っていただけるということになる。そのた

めには、まず私たちがこの世に生まれてきた意味を見定める必要がある。何故なら、私たちは神様の意志でこの世に生まれてきたからだ。

私たちの魂は生まれ変わり死に変わりを繰り返しているが、それは御魂を磨いて、向上させていくための機会を神様から与えていただいているということなのだ。魂を進歩向上させて、自身の能力の枠内で、なるべく善なる影響を社会に与えること、それが人間がこの世に生まれてきた目標である。だから、それに合った生き方をすれば、神様はお喜びになる。これが修行の基本だ。

しかし、御魂を向上させて一歩でも神様に近づきたい、神様に愛されて懐に抱かれたいというのは、まだ我があるという事だ。神様の道を目指すなら、そこからさらに一歩踏み込んで、神様の御心そのままに生きるということが必要になる。

## 神様の御心を代行する

神様がこうあってほしいと思うように生きること、自分の願いではなく神様の願いを代わりに叶えさせていただこうと思うことは、神と一つになるということである。小さな我をなくして、神と同じ位置に立つということが神人合一である。

私の師匠の植松愛子先生は、

「人に願いがあるように、神様にも願いがある」

とおっしゃっている。

このことについては、四章で詳しく説明するが、それを考えていくことが、これからの時代の大きな鍵になるということを覚えておいていただきたい。

神様は常に人々の幸せを願っているし、物事が生産的に発展していってほしいと思っている。神様に愛されたいと思うなら、そうした神様の願いをお取り次ぎさせていただき、現実世界に実現させていくことである。

自分の気持ちどおりに動いてくれて、自分の代わりに実行してくれるわけだから、神様もこれは嬉しい。だから、どんどん働きかけて下さる。色々な英知や力を与えて下さる。もちろん、運勢もグングン強くなっていくのだ。これが究極の「強運」である。

あくまで神様の御心をそのまま代行していくという姿勢で、自分の個性や才能、持っている特性を最高に発揮することが大切になってくる。その時にこそ、宇宙をお創りになった神々様も、惜しみなく強運を与えて下さり、応援して下さるのだ。

そのためには、自分の特性を知らねばならないし、自分で、なるほどこれが自分の能力か、こうすれば自分を伸ばせるのか、ということが分かる必要がある。その具体的な方法については、次章で詳しく述べていく。

常に明るく前向きであることを基本としながらも、時には吐きながらでも行動することが必要だし、孤独の中に自分を叩き込むことが必要な場合もある。そうして、紆余曲折を経て、これしかないというものを摑んだら、神様は本当に喜んで下さる。本人も納得して、充実して、生き甲斐をもってその仕事ができるので幸せだし、その幸せが揺れ動かないのだ。

それは神様の喜びと同じ喜びを与えてもらえるからだ。神様からの愛の波動が伝わってくるのだから、それは何ものにも代えられない大いなる喜びだ。神様からの愛をいただくのだから、究極の幸せなのである。

### 魂を輝かせよう！

しかし世の中には、「一生懸命とか、そんなものどーでもいい。今が楽しければいい、能力なんて伸ばさなくてもいい」という、刹那的な生き方を好む人もいる。

考え方は人それぞれだから、そういう方もいるだろう。神様は大愛だから、困った顔はされるかも知れないが、別にたたりはしない。ただし、一生懸命ガンバッて、神様に感謝しピカピカ魂が輝いている人に比べれば、残念ながら大した運は巡ってこない。それが平等というものだろう。第一、こういう人は自らの魂が輝きを発しないから、神様も近寄ることができず、満足に守護できないのだ。逆に邪霊がやって来て運を悪くしたりすることさえある。

これを避けるには、ここまで簡単に述べたように、何でもいいから目の前のことに懸命に打ちこみ、行動して、体を動かしながら魂を発動させることだ。その時、神様への感謝とお祈りがあれば、さらによい。そうすれば魂が真実の輝きを放ち、やがて大きく運勢が変わってくる。

しかし、軽度の「魂お休み状態」ならばこれで回復できるが、重度の場合はどうか。たとえば長年にわたって「愛も誠もどうでもいい。生きる意味や人生の本義なんて知りたくない」という思いで生活してきた人が、その想念や生き様の一切を自力で転換するのは、非常に難しいと言わざるをえない。

自分の中に悪霊の座ができていて、御魂を取り巻いておおってしまっているからである。こうした人がいきなり、「自らをギリギリまで高めるんだ！」という努力の人に変わるのは、不可能とは言わないが難しいだろう。

こうした時には、まずはまとわりつく邪霊を取り去って、努力しやすい霊的環境を整えるというのが有効な手段といえるだろう。いわゆる「除霊」だが、私の場合は「救霊《きゅうれい》」と呼んでいる。家代々のたたり霊や、御魂を取り巻く悪霊の雲を断ち切って、本来の御魂の輝きを発揮しやすくするのだ。

だから救霊を行うと、少しの努力でも想念を良い方へ転換できるようになる。ひらたくいえば、明るく、あたたかく、努力家の自分（本来の神なる自分）の面が表に出てくるのだ。もちろん、悪霊の影響を離れるので、天からの強運も受けやすくなり、運勢も急上昇する。

この本のテーマから外れるので救霊についてはは以上にとどめるが、興味のある方は拙著『大除霊』や『神界からの神通力』（たちばな出版刊）を参照されたい。また、自らが努力できない、明るくなれないという悩みをお持ちの方や、今以上の開運を望む方、また逆に、尋常ならざる不幸が家系に続く方には、一度救霊を受けてみることをお勧めする。

本書の内容が主に「プラスの神力をどんどん注入して運を良くする」ものだとすれば、救霊は「マイナスの因縁や邪気を取り去ることで運を良くする」ものだといえるだろう。本書の範囲外ではあるが、「宇宙からの強運」と表裏の関係にある開運法として、1章の締括りに記しておく。

## 《宇宙からの強運コーノー　その一：木星「願立《がんた》て神社」神法》

ホロスコープでも「大吉星」といわれる木星。これは、神霊界の様子を実に見事にキャッチしている。木星は、地上の願い事が聞き入れられ、成就する星なのだ。

木星は、人生の年齢でいうと、十一歳から十七歳くらいの、ちょうど思春期の明るくのびやかでみずみずしい神霊波動に満ちている。ういういしさ、楽しさ、豊かさ、活発さ、若々しさ、夢と希望。そういった感覚を思い浮かべていただければいいだろう。

さて、木星の神霊界には、「願立て神社」という聖域がある。実は、序章で書いた幸運の女神「黄金姫様《おうごんひめ》」は、ここにいらっしゃるのだ。たいへんふくよかな美人で、ファッションも麗しいお方である。

この黄金姫様が本当に微笑むと、一生お金に困らない。また、現実界のさまざまな願い事を、みごとに叶えてくださることでも定評がある。星ツアーでは必ず木星に行って、願立て神社に参拝することにしているほどである。

あるとき、木星への星ツアーで、億単位の金額が書き込まれた小切手を授かる映像を、天眼で見た方があった。するとその数ヵ月後、本当にその金額の入金があったのだ。しかも、端数までその映像とピタリ同じだったという。もちろん、金運だけでなく、恋愛成就、対人関係、健康や仕事運をはじめ、人生の願い事は何でも聞いて下さる。

これほど霊験あらたかな「願立て神社」だが、ほとんどの人はその存在すら知らない。そこで、本書の読者のために、願立て神社のミニチュア版をここに掲載することにした（巻頭カラーページ参照）。

ミニチュアではあるが、ここを窓口にして祈りを捧げれば、黄金姫様に確実に届く。その際、木星をイメージし、ふくよかな美人の黄金姫様をイメージすれば、そのイメージが木星神霊界につながり、願いを聞いていただきやすくなる。神様も、めったにない地球人からの祈りを、大切に扱って下さることだろう。

繰り返すが、木星のパワーを授かれば、願いがかなう確率はかなり高い。この成就力は、確信力と比例する。ぜひこの「願立て神社」を活用し、祈りを捧げていただきたい。第1章に記したように、困ったとき、苦しんだとき、人は祈りに目覚める。そんなとき、この願立て神社に祈るのもいい。

ただし、人の不幸を願う内容や、自分のことばかり考えている祈りは、神様は聞いて下さらない。

また、神様への感謝の気持ちがあってこそ、祈りの貫通度合いも飛躍的に高まるものなのだ。これは木星に限らず、このあと紹介するすべての強運神法に共通することなので、念のため。

# 第2章

# 人生を最高に生きる！

## 確実に運を呼ぶ恋愛・結婚

### エネルギーを漲《みなぎ》らせる

エネルギーというのは生の原動力だが、異性に対する欲求というのは、時に爆発的な創作のエネルギーにもなっていくことがある。

ピカソには、なんと奥さんが十一人もいた（ただし、同時期にいたのではなく、十一回結婚しているという意味である）。だから、その作品はエネルギーに満ち溢《あふ》れている。漲るエネルギーを、顔がバラバラになるぐらい思いっきりキャンバスにぶつけている。

十一回結婚して、そのたびに今までのものをぶち壊して、新しい感覚を磨いていったのだ。ピカソは、女性に対するエネルギーとその女性からの励ましを原動力に、作品を描いたような人である。

異性に対するエネルギーとは、激しい慕情に他ならない。だから、これを強く徹底すれば、見えざる世界とつながっていく場合があるのだ。

たとえば、和歌という芸術世界。短歌の中には親愛、悲別、慕情などの私情を人に伝える相聞歌という歌がある。万葉の昔から相聞歌のほとんどは恋愛の歌だ。歴代の天皇は皆そういう歌を詠んだのだが、近代に入ってから皇室ではあまり詠まなくなってしまったようだ。今上天皇には、是非詠んでいただきたいと思っている。

昔は天皇のご姉妹、皇女が一生涯独身を貫いて、伊勢神宮にお仕えするという風習があった。式子内親王《しきしないしんのう》もそういう方だったのだが、その式子内親王が、

「この私の、胸のときめく恋心を分かってくれないならいっそ殺してほしい」

などというような超過激な恋歌を詠んでいるのだ。

そういうお相手が実際にいたのかどうかは知らないが、短歌の場合は別に事実でなくても、想像上の恋人でも構わないのである。俵万智の『サラダ記念日』もそうだが、相手が誰かということは詮索しなくてもよいのだ。

西行も出家後に、たいへん艶っぽい歌を詠んでいる。男でも女でも、自分の慕情をつのらせて、そのエネルギーを原動力として素晴らしい芸術を生み出してい

るのだ。

だから、年を取って性的なエネルギーが減退してくると作品も力を失ってくる。現代短歌でも、佐藤定吉、佐藤佐太郎などは、もう晩年は枯れてしまっている。宮柊二という素晴らしい歌人でも、ガンになった時の歌というのは以前より相当落ちている。

短歌は意味が半分で、半分が言霊（言葉の調べが持つ霊的なエネルギー）の世界である。病気で体力がなくなった人の歌というのは、元気がなくて、言霊も力を失ってしまっているのだ。

## 芸術は爆発だ！

藤原定家と後鳥羽上皇は歌の世界では師弟の関係である。定家がお師匠さんで、後鳥羽上皇は弟子なのだが、晩年の作品を見ると、完全に弟子が師匠を越えてしまっている。

定家は老化して枯れてしまって、全く魅力を失ってしまった。それに対して、後鳥羽上皇は、年をとってからも艶やかな素晴らしい歌を詠み続けている。芸術としては、圧倒的に後鳥羽上皇のほうが上だと言わねばならない。後鳥羽上皇もお后さんが何人もいたということだが、やはり、その作品はエネルギーの躍動に満ち溢れている。

こういう話をすると、女性の読者の方の中には不快に思う方もおられるだろうと思う。しかし、芸術は倫理道徳ではない。もちろん、芸術の名の元に何をしても構わないという意味ではないが、倫理観や道徳観を持ち込むと歌のよしあしというのは評価できなくなってしまうのだ。芸術はエネルギーの爆発であり、だからこそ人の心を強く動かす力があるのだ。

『確実に運を呼ぶ恋愛・結婚』というテーマで、やや極端な例から始まってしまったようだ。しかし、普通の人と同じ物の見方をして、同じ事をしていたのでは、絶対に「強運」は摑めない。だから、まずは、人生に於いて大きな仕事を成し遂げた人達がどのような恋愛・結婚観を持っていたのか、それから見ていきたいと思う。

もちろん、全ての人にそのマネをしろと言うのではない。しかし、そういう生き方で強運を摑んだ人もあるのだということを知ってもらって、選択肢を広げることは必要だろう。

女性の方にとっても、自分のパートナーがどういう傾向を持ち、どういう志を持っているのかを理解することは大切なことである。それが、自分自身の幸せを考えることにもつながっていくからだ。

その上で、最後に誰でも必ず運命の赤い糸を摑むことができる究極の極意を伝授したいと思う。どうぞ期待して読み進めていただきたい。

## 結婚で才能を枯らす人

そういうことをお断りした上でお話しするのだが、ズバ抜けた能力を持つ人が、結婚して普通の生活を送るようになってから、その才能を全く発揮できなくなってしまったという例は非常に多いのだ。

これは、英語の松本道弘先生（元NHK上級英語講座講師）から聞いた話だが、英語の勉強において非常に優秀な人が十人いた場合、結婚してもその実力を保ち伸ばす人というのは、そのうちの一人ぐらいだということだ。十人中九人までが、会話力、読解力、語学に対する感覚や実力をあっという間に無くしてしまうのである。

結婚すれば定期的に性エネルギーを浪費しなければならないし、思念がどうしても奥さんや子どもに分散されてしまう。

だから、松本先生は奥さんと子どもがいても、ホテルで一人で生活していたということだ。

上智大学の渡部昇一先生（現、同大学名誉教授）も、

「若い研究者が、素晴らしい論文を発表して、新進気鋭の学者と将来を嘱望されても、結婚すると十人中、八〜九人は平凡な学者になってしまう」

と言っておられた。

だから、大学が全面的にバックアップして海外に留学させたりするのは、結婚した後も実力と情熱を維持している人でないと危険だということだ。

例えば研究に必要な本を買おうと思っても、奥さんが、

「あなたが一万円本を買うんだったら、私も一万円ブラウス買うからね」

と言ったらどうだろう。

学者というのは手元に本がないと研究ができない。一つの論文を書くのでも膨大な資料が必要だから、いつも手元に本があってパッと引用できないと仕事にならないのだ。

いちいち図書館に行っていたのでは、時間のロスもいいところで、「アルバイトをしてでも本を買え」と渡部さんは常々若い研究者に言っているそうだ。

だから、「私も一万円のブラウスを買うんだ」と言って、ご主人と戦うような奥さんをもらったら、その人は学者としてはもう終わりなのだ。将来を嘱望された何人もの研究者がそれで駄目になっているのである。

## 女性は現実的な幸せを求める

もちろん全てが全て駄目になっているわけではない。奥さんも学者で一緒に研究しているとか、夫の仕事や生き方を深く理解していれば問題はないはずだ。

夫が孤独な時間を持つことを尊重して、エネルギーを集中して思念を統一することの意味を理解している奥さんだったら、夫の大成を助けてくれることだろう。そういう方なら、研究や語学の研修やあるいは芸術に対してもマイナスにならないと思う。あるいは、キュリー夫人やジョイナーのように、ご主人よりも奥さんが、優れた業績を残している場合もあるにはある。

しかし、そうしたケースは非常に稀だと言わなくてはならない。

女性はある意味で、男性以上に現実的なものなのだ。普通の女性はやはり、夫が一万円の本を買うなら、自分も一万円のブラウスが欲しい。それは理解してガマンしたとしても、結婚したら、夫に家庭人としての責任とサービスを何やかやと要求するだろう。当然といえば当然なのだが、さらに子どもができれば余計にそうなることは間違いない。

子どもの学校がどうだとか、私立にするのだったら入学金が幾らかかるからなど、と現実的な問題があるのだから、これはしかたがない。ディズニーランドは無理だとしても、たまには動物園ぐらいには連れていくことも当然要求されるだろう。

それが悪いという事ではない。女性がそうした現実的なことを求めるのはあたり前のことなのだ。そして、男性は、家庭人として、夫として、父親として、それに応えていく義務がある。当然のことだ。

が、しかし、そうした現実問題を抱え込みつつ、孤独の中に身を置き、エネルギーを凝縮して一つのことに取り組んでいくということは、至難の技と言うより、二律背反だと言ったほうがいいだろう。

## 孤独の中に道を究める生き方

あまたの芸術家の魂、宗教に生きようという人の魂、一つの道を究めようという人の魂が、こうした葛藤の中で苦悶《くもん》してきた。

ゲーテやカントはそれがよく分かっていたのだろう。賢明な人だから、はじめから独身を通し、余計なものに惑わされないように思念を統一させ続けたのである。そして、その凝縮したパワーで見えない世界に通じていったのだ。

一遍や西行は妻子を捨てて、神仏の世界に没頭することを選んだ。残された奥さんや子どもは本当に可哀そうだと思う。西行の奥さんは本当に素晴らしい人で何の落度もなかったのだ。しかし、それをあえて捨てて放浪の旅に出て、西行はあれだけの歌を詠んだのだ。山頭火《さんとうか》もそうだ。

家庭を持つことの重み、子どもがいることの重みを背負って、ギリギリまで耐えただろうとは思う。しかし、平凡な生活を選ぶか一つの道を究めるのか、どちらを選ぶかまで追い込まれた時、罪を作ることになることを覚悟で、妻子を捨てて、一遍も西行も山頭火もその道を選んだのだ。

自分で捨ててしまったのだから、これはもう後がない。もう何処へも戻るところはないという絶対的な孤独の中にあえて自分を追い込んだのだ。だったら最初から家族など作らないほうが人の道には叶っているのだが、家庭を持ってしまった身としては、罪を犯すことによって、さらなる孤独の中に身を置いたのだという言い方もできるだろう。

## 悪妻は夫を育てる

結婚をしても才能を枯らさずに一つの道を究めるためには、もう一つの方法がある。

例えば、夏目漱石がそうだった。森鷗外も結婚してから伸びている。それは奥さんが、最低の悪妻だったからである。

最悪、最低の奥さんをもらうと、ものすごく孤独になることができる。これは、独身を通すより遥かに孤独だといえるだろう。しかも、「あんな女に指一本触れるものか」と思うから、エネルギーもみなぎってくる。奥さんのことなんか考えたくもないから、当然思念も統一されるわけだ。

古代ギリシャの哲学者ソクラテスの言葉に、

「若者よ、おおいに結婚したまえ。それが最高に素晴らしい妻なら、あなたは幸せだ。最悪の妻なら、君は哲学者になれるだろう」

という有名なセリフがある。

「ソクラテスの妻」といえば悪妻の代名詞に使われるくらいだから、ここには身を持って知った哲学の神髄が込められているのだろう。

だから私は自分の私塾である青山塾《せいざんじゆく》の若者には、いい奥さんをもらうのもいいが、生涯独身を通すのも、悪妻《めと》を娶るのも悪くはないと勧めている（とはいえ、最初から相手のことを「悪妻だ」と思いながら結婚する人などいないだろうが……）。

もちろん、普通に平凡なサラリーマン生活をするだけだったら、普通で構わないのだ。夫の権利、妻の権利を認めあい、互いに義務を果たし、父と母と家庭を大事にして、その温かみの中でお勤めをしていくというのも、それなりにいい人生だろう。

しかし、芸術家とか宗教家とか、何か孤独の中で強く求めなければならない人、あるいは作品を生み出していかなくてはならない人。学者でも学問的な業績を世に残そうという人は、よほど気を付けて奥さんをもらわなければ、自分自身も家族も幸せにはできないのだ。

一つの道を究めようとする人を好きになってしまった女性も、よほどの決心がないと夫を駄目にしてしまうということは肝に命じておいていただきたい。そこを賢明にお互いが理解していかないと、先は見えていると言わねばならないだろう。

ところで、ここではずっと「一つの道を究めようとする男性」を例にあげてきたが、そういう目標を持って打ちこんでいる女性ももちろんいる。その場合は、ここまでの「男性」「女性」を逆にして考えていただきたい。つまり、パートナーとなる男性が、十分に相手の女性の研究や集中の大切さを、理解してあげることである。そういう男性を見つけないと、結婚との両立は難しいと言わざるを得ないだろう。

## 赤い糸は誰とつながっているか?

結婚ということを考える時、「縁」ということが必ず言われる。しかし、どうもこれが誤解されている場合が多いようなのだ。

結婚の縁のある人というのは別に一人だけとは限らない。というより、縁は幾つもあるのだ。

前世でお兄さんだった人が、今世では隣のお姉さんになっていたり、妹だった人がクラスメートの素敵な男性になっていたりする。お母さんだった人が奥さんになったり、叔父さんだった人がご主人になる場合もある。

ほとんど近親相姦状態といえるが、前世のことだから関係ない。そうした縁ある人に会うと、初対面でもとても懐かしい感じがするはずだ。

あるいは、前世で仲の良かった友達とか、反対にしのぎを削っていたライバルだとか、周囲に色々な縁のある人というのがいるわけである。

だから、結婚の赤い糸といってもそれは一本だけでなく、色々な縁のある人とつながっているのだ。一番縁の濃い真っ赤なものからグラデーション状態になっていて、少しエンジがかった赤とか、ピンクっぽい赤とか、紫に近いような赤とか、何本もあるわけだ。

昔は地域や家柄で大体結婚相手が決まっていたから、そう何本も赤い糸がなかったのだが、恋愛や結婚がどんどん自由化されていく中で、赤い糸もだんだん増えていったようである。

これは産土《うぶすな》の神（生まれた土地の守り神）同士の取り決めによって用意されるのだが、縁結びの仕事が複雑化して、神様もさぞや苦労なさっていることだろう。

さて、現代では赤い糸は普通の人で三十人ぐらいの相手とつながっている。ただし、三十回結婚してもいいという意味ではない。縁のある人が三十人ぐらい用意されているということなのである。

## 努力しなければ縁はつながらない

手相家のNさんは、恋人出現の年や、結婚の年、あるいは独立の年などがピタリと当たると評判の手相の大家である。そのNさんがなかなか結婚できずにいるある女性を鑑定した時の話だ。

「N先生、私はいつ頃結婚できるでしょうか」

ピタリと当たる流年法《りゅうねんほう》（何歳の時にどんな出来事があるか分かる手相術の極意）で鑑定したところ、ちゃんと出ていたので、

「二十七歳ぐらいになりますね」

とNさんは教えてさしあげた。

すると、その女性は、

「そうですかー。私、今年が二十七歳なんです！」

とウキウキした様子でお帰りになったのだが——。

　一年くらいたった頃、その女性がまたNさんのところにいらっしゃった。そして、

「先生、一年たってもまだ独身です。先生は名人だと聞いたんですけど、当たらないこともあるんですね」

　とNさんを責めるような目で見て言うのである。

「お見合いはなさったんですか」

「いいえ」

「友達のパーティーとか何かに出たことは」

「いいえ。縁のある人が向こうから現れるに決まっていると思ったから、何もせずに待ってました」

「…………」

　その方はお父さんが歯医者さんをしていて、その病院で受付の仕事をしているということだった。家は駅のすぐ傍で、病院まで地下鉄で一本。病院も駅のすぐ傍ということで、毎日毎日、一年間、その往復だけを繰り返していたと言うのだ。

　それでその女性が男性と出会う可能性があるとしたら、どんな場合だろう。

①歯医者さんに来た患者さんが受付で見た瞬間に「あっ、この人は」となった場合。
②家に居る時、たまたま訪ねて来たポーラ化粧品の男性セールスマン（ほとんど女性のようだが）が、ドアを開けた時、ひと目で気に入るというケース。
③地下鉄でチラッと見た男性がいきなり声をかけて来るという突然の出会い。
無理やり三つ考えてみたが、その方はどう見てもこれらのパターンでは、男性から声をかけられるタイプではなかったようだ。見た目にもあまり輝きがなく、話しても何となくパッとしない感じなのだが、お父さんが歯医者をやっているのでそれで何とか、という感じの方だったようである。

「夏に海とかも行かなかったんですか」

「私、泳ぐの嫌いなんです」

「テニスなんかは」

「疲れます」

もちろん、お見合いもしていない。これではまるで、何がどうあっても男性とは出会いたくない、と言い張っているようにしか思えない。

努力しなければチャンスは巡って来ないのだ。これは現実界、霊界を貫く共通の法則である。この女性の場合も手相に出ているのだから、縁のある人がいないわけではないのだが、本人が何もしないのでは神様も結びつけようがないのだ。

## 霊界の戸籍係の判定基準

縁のある人は三十人ぐらいいると言ったが、そのうちの誰と結ばれるかが現実的な問題である。努力しなければ縁はつながらないのだが、それは別にパーティーに参加するとか、お見合いを何回もするとかの直接的な努力だけを指すのではない。それと同時に大切なのは自分自身を高める努力、いわゆる精進努力である。

神様は人間に自由意志を与えて下さった。人生の節目節目で、あるいは日々の暮らしの中で、プラスの選択肢を選ぶのもマイナスを選ぶのもすべて本人に任されている。明るく前向きで、自分と周りの人にとってよりよい方向を選んだらプラス、人を恨んだり妬《ねた》んだりして、自分の魂を傷つけるようなことをしたらマイナス。そして、日々のそうした選択の積み重ねを総合的に判断して、霊界のいわば、「戸籍係」の神様が、三十人の候補の中から本人の努力に見合った相手と結びつけて下さるのだ。

世のため人のためのことを考えて、自分を高める努力を最大限にした人は、三十人の中の一番濃い縁の人と結ばれる。それは今世で巡り合う縁ある人の中ではもっともお互いが幸せになる可能性（もちろんその後の二人の努力が一番大切であることは言うまでもない）が高い組み合わせである。

まあまあ頑張ったという人は十番目ぐらいの縁の人だろうか。最初は怠けていたけど途中から非常に頑張ったという場合は、将来の期待も含めて、本来の評価よりも少し上のレベルの人と結ばれる。反対に最初の頃はそれなりによくやっていたけど、最近はどうも、という人は、ガクンと評価が落ちてしまう場合もある。

だから、あくまでも本人次第。そして、その縁を本当のものにするのかどうかということも結局は本人の自由意志に任されているのだ。その中には、孤独の中に身を置いてひとつの道を究めるという選択肢ももちろんあるわけだ。

もし、適齢期ということを考えるのだったら、その時期に自分を最高に高められるように、内面を磨きあげ、現実的にも色々な努力をすべきだろう。そうして精進努力を尽くした後に、縁ある相手との出会いがあり、機が熟したと思ったら、あれこれ迷うのではなく、心をひとつに決める。すると何らかのインスピレーションが守護霊さんからあるはずだ。その時に結婚するのが適齢期だということだ。そうして縁を結んだ以上、それを大切にして、色々な現実的な苦労を乗り越えて絶対に幸せになること。それが、縁を作り、見守ってくれている神様、守護霊さんへの最大の感謝の証になるのだ。

## これが天職の見つけ方だ！

### 職業なんてどうでもいい？

ところで、よく「天命」ということをいう。人がこの世の中でなすべきこと、神様から与えられた定めが天命である。では、それはどの程度まで決まっているものなのだろうか。

結婚については説明したとおりである。では、職業についてはどうだろう。例えば、

「おまえは不動産屋をやれ！」

と神様に言われて生まれてくる人がいるわけではない。

はっきりいえば職業なんてどうでもいいのである。

男性に生まれるか、女性に生まれるか、日本に生まれるか、アメリカに生まれるか、大体何年の何月ぐらいに生まれるかということは決まっている。はじめから決まっている天命といえるのは、およそそれくらいで、後は本人の選択でいくらでも変わる。何の職業に就くかなどどうでもいいのだ。神様はそんな細かいことまでいちいち口を出さない。

天性というものは確かにある。文科系的素質があるとか、理科系的要素が強いとか、持って生まれた素質は、人それぞれ違う。

天性は自分の心に内在している魂の傾向なのだ。それは前世にどんな職業に従事してきたか、どれだけ学問を深めたかなどによって変わってくる。心に内在しているものだから、天性にあったことをやると「ああ、満足だ。嬉しい、楽しい、

面白い」と心が喜ぶ。自分で、そう感じられる仕事が天職なのだ。

文科系的要素がある人が文科系的な仕事をすると、心が「嬉しい、楽しい」というので、何時間やっても飽きが来ない。それが合っているのだ。そういう人が、無理に数式など計算していると、頭が痛くなってくる。鼻血を出したりもするかもしれない。

反対に理科系の人は数値などを見て研究しているのが楽しい。文学なんて、答えがあるようなないような感じでよく分からない、数学は必ず答えがあるからいい、と思っている。

そういう人が理科系の仕事に就けば、それは天職である。

それぞれ、天性に合った、心が喜ぶ仕事に就けばよいのだ。

もちろん、文科系の仕事といってもピンからキリまであるだろう。理科系でもピンからキリまである。そして、キリよりもピンのほうが心が満足するから、後は努力次第で職種を選び、さらに仕事をグレードアップして、自分をランクアップさせていくことである。

## 紆余曲折のプロセスもある

もちろん、誰もが最初から、本当に心が喜ぶ仕事に就けるわけではない。自分に合っていると思って選んだつもりでも、全然心が喜ばないことをやらされることもある。

本が作りたくて出版社に入ったけど、事務ばかりやらされているとか、電車に乗りたくてJRに就職したのだけど売店に回されたとか、色々あるだろう。

私もそうだった。営業でも何でも、嫌だ嫌だ、と思うところへ行って、嫌なことをしなければならないことが多かった。しかし、その時は、本当に嫌で嫌でたまらなかったのだが、今から思うとそれも必要なことだったな、と思えるのだ。

あるいは、本当に自分の意志で選んで、望んで就いた仕事なのに、やってみたら思い描いていたのと大分違ったという人もいるだろう。

こんなにお金にならないとは思わなかったとか、こんなにしんどいとは思わなかったとか、人間関係がどうしてもしっくりいかないとか。

私もそうだった。

神様の道に入っても、色々な紆余曲折のプロセスはあった。そこで葛藤している間は、

「なぜ自分ばかり神様のために働かなきゃならないのか」

と思ったこともある。

しかし、十年二十年たってみると、

「ああ、私は神様の道に来てよかったんだ」

と心から思うのである。だから、大所高所から見て、究極的に心が喜ぶ道に進めばいいのだ。

## 感動は求めなければ得られない

これが本当に天職なんだろうか、どうだろうかと、誰しも悩む時があると思う。

しかし、「これだ！」と思える仕事がないというのは、それだけ究極的な天職に出会う程には、自分が切に求めていないからなのである。

はっきりこの法則を申し上げておこう。

心が喜ぶ、深く感動するというのは、深く求めたから感動するのだ。

たとえば、美術の勉強をしている人が、本当に美しい絵を見た時の感動は深い。これは、何の勉強もしていない人が絵を見て「ふーん」とそれなりに感動した、というのとは比べものにならない。一生懸命、美の世界を求め、その方向に深く心が向いているからこそ、魂の深い感動があるのだ。これは他の分野や職業でも同じことである。

ところが、そんなに求めたつもりはないけれど、ある時何かとの電撃的な出会いがあり、ものすごく深く感動したという場合がある。これは、前世でそのことを深く求めていた記憶があるからである。

例えば、絵とか音楽を前世で深く求めて来た人は、小さい時から美しい絵を見たり、ピアノの音を聞くと「ああっ」と感動する。心の奥底から、ピーンと来るものがあるのだ。

ところが、前世、それほど深く求めたものがない人は、何をやってもピンと来ない。前世のことはもう過ぎたことだから、そういう人はどうすればいいのかというと、とりあえず何でもいいから、目の前にあることを一生懸命やってみることである。

そして、実はそれが心が望んでいることでもあるのだ。

「目の前のことを一生懸命やる、その時に喜ぼうね、喜びとしようね」というのは、万国共通の、心の共同組合の申し送り事項なのだ。だから、一章でも説明したように「吐きながらでも行動すること」である。

一番問題なのは右にしようか左にしようかと迷っている状態だ。あっちにしようかこっちにしようか、ずっと迷ったままで、結局行動しない。AかBか、一つのことに決めて一生懸命やらないと心は喜ばない。つまり御魂が発動しないのだ。御魂が発動しないと守護霊さんも守護してくれない。本人が自分で選択して魂を燃やさないと守護してはいけないというのは、守護霊共同組合の申し送り事項なのである。

## 一生懸命やれば縁ができる

例えば、囲碁をするか、将棋の道に進むか迷っているとする。どちらも余り変わらないような気がするとしよう。

その場合は、とりあえず今少しでも興味があるほうへ突き進むことだ。そして、囲碁を選んだら、将棋のことはとりあえず頭から消し去って、とことん囲碁に没頭する。それこそ寝食を忘れるくらいに碁のことだけを考える。頭の中にいつも碁盤と碁石が浮かんで、白と黒とがせめぎあっている。そこまで来れば、魂が発動している状態になる。

すると、例えば誰かよいお師匠さんと巡り会って、

「お前は筋がいいから俺の所へ来い」

ということになることもあるだろう。

いい出会いがあって、「やっぱり囲碁を選んでよかった」ということになる。守護霊さんは、ちゃんと時機を見計らって、そういう縁を準備してくれるのだ。

では、大所高所から見て、囲碁がその人の究極の道ではなかった場合はどうだろう。

一生懸命囲碁をやって、囲碁が大好きになったのだけど、どうしても伸びない。後から始めた人にどんどん追い越され、負かされてしまう。やはり、自分には才

能がなかったのか、と徹底的に落ち込むことになるかも知れない。

しかし、とことん突き進んだ上で、にっちもさっちも行かなくなった時、守護霊さんはちゃんと動いてくれるのだ。

もう駄目かなと思いながらも、縁側でパチンパチンと碁石を並べていると、親戚の叔父さんが遊びに来た。一生懸命やりながらも苦しんでいた自分をずっと見ていて、何とかしてやりたいなと思ってくれていた叔父さんである。そして、たまたまその叔父さんの知り合いに将棋の谷川名人がいて、自分のことを話してくれたらしい。

「名人が、将棋だったら僕の直弟子にしてもいいんだけど、と言っていたぞ」

なんていう話を聞かされたら、その時、将棋に変わればいいのだ。

名人との出会いがあって、それから将棋に転向して「やっぱり僕は将棋だったんだ」と思ったら、後は徹底して迷いがない。だから、将棋の大家になるだろう。

そこまで魂を発動させて一生懸命努力した時には、どんな職業でも天職になっている。この職種でなければダメだと、最初から決められているわけではないのだ。

## 守護霊が天職に導く

　ところで、先の例で、もし囲碁を一生懸命やっていなかったらどうだったろう。もちろん、将棋を選択して死にもの狂いで努力すれば、それでいいのだが、将棋か囲碁かいつまでも迷っていて決断しなかったら、その時は、名人との出会いも当然ないわけだ。

　人間は神様から自由意志を与えられている。自分で選択するからこそ、進歩向上するのだ。守護霊はあくまで魂の教育係だから、本人が一生懸命努力して御魂を発動させた時に、はじめてそうした縁を作って下さるのだ。

　あるいは現実界のレベルでいうと、そこまで死にもの狂いで頑張っている姿を知っていたからこそ、叔父さんは知り合いの名人にそんな話をしたのだ。

　だから、とにかく、こうと決めて一生懸命、目の前にあることに精一杯の努力を傾けることだ。

　もし、道が間違っていても、それでもいいのだ。あるところまで来たら、守護霊さんが、「お前の道はこっちだよ」

と導いてくれる。

多少不親切なような気がするかも知れない。天性にあった道があるなら、最初から教えてくれればいいのに、と思う方もいるだろう。しかし、実はこれは守護霊共同組合の顧問である、神様の深い配慮に基づくものなのだ。

私もワールドメイトの会員さんに守護霊、前世鑑定を行うことがあるが、そんな時よく質問されるのが、

「もっと具体的に教えて下さい」

ということだ。

過去には具体的に言っていたこともあるのだが、すると必ず、

「次はどうすればいいのですか」

ということになってしまうのだ。

「今度は息子が小学校なんですが、私立がいいでしょうか、地元の学校がいいでしょうか」「転勤になるんですが、家族で引っ越そうか、単身赴任がいいか教えて下さい」「夏休みは海に行くか山に行くか迷っているんですが」……等々。

一つ具体的に教えると、次から次へと具体的に聞かないと人生を送れなくなっ

てしまうのだ。

巷《ちまた》の易者さんなどはリピートオーダーがあった方がありがたいから、このパターンなのだが、それでは結局本人の為にはならない。自分で考えて、迷って選んで「これだ！」と思ったことのほうが、本人が徹底して努力するのだ。

## 失敗があるから練磨される

なぜ具体的なことを聞きたいのかというと、結局楽をしたいからだ。最短距離を行きたい、無駄な努力をしたくない、というのが人の常である。

人間は合理的な頭脳を持っているから、

「余計な苦労が大好きです。何度でも挫折を味わいたいんです」

という人はまずいないだろう。

最終的に将棋の道に進むのが天職で、四十歳で名人になるのだったら、誰でも途中で一度挫折して方向転換をするのではなく、最短距離を行って三十五歳で名人になりたいと思うに決まっている。

では、もし具体的に分かって、

「そうか。じゃあ将棋をやればいいんだな」

と思ったとしよう。

そこで将棋をはじめたとしても、「いずれ自分は名人になるんだ」とタカをくくっていたのでは、なかなか徹底して努力はしないだろう。それでも才能に恵まれて、そこそこいい成績を修めたとしても、決定的に欠けるものがある。それは、失敗する中から、悟り、錬磨される人間としての魅力だ。紆余曲折の過程で知り合う人脈、どん底から這い上がる中で築かれる精神的ベース、ギリギリまで追い込まれた時の力強い開き直り。

そうしたものがないから、最初は「努力次第では三十五歳ぐらいで名人位につけてやろう」と神様、守護霊さんは決めていたとしても、

「いや、まだまだその器ではない。時期尚早である」

ということになる。

一つの道の頂点を究めるというのは、それ程生易しいことではない。甘い考えでは、三十五歳になっても、絶対に名人になどなれるわけはないのだ。

## 経験のプロセスこそが本当の財産

一方、紆余曲折を経た人は、失敗の中から悟り、本物になるための精神的なベースが鍛えられ、色々な経験を積む中から信頼できる人脈を築きあげていく。そして、それこそが本当の意味での本人の財産、御魂の恩頼《ふゆ》（栄養）なのだ。

そうして、時間はかかるかも知れないが、本当の実力を蓄えて、押しも押されもしない人間になっていくのである。

これがない人間が、名人位を何期も連続で防衛できるような、一流の中の一流、本当の本物になることは絶対にない。

だから、はじめから教えないというのは、神様、守護霊さんの大いなる愛なのだ。全体の方向性だけがちょっと示されるだけで、後は何も言わない。そこで迷い、それでも自分の意志で判断して決めて、ひたすら情熱を傾けて一生懸命努力していく。しかし、失敗して、打ちのめされ、孤独の中に叩き込まれて、もがき苦しんで、ギリギリのところまで行った時、魂は絶叫する。

それを聞いた時、はじめて守護霊さんは、神様が用意して下さった方向へふっと導いてくれるのだ。しかし、もちろんそれで終りではない。また一からやり直すのだ。

そして、もう一度、努力して努力して、歯をくいしばって頑張って、しかし、まだその道が本当の究極であるかどうかは分からない。もう一度挫折が準備されているかも知れないし、もう三回かも知れない。

開運期というのは、人によって違うが、だいたい三十四〜五歳くらいに一度来ることが多い。だから、とにかくそれまでは頑張るしかない。苦しみを乗り越えないところには喜びもないのだ。ある年齢と経験に達したら、必ず本来の道へぱっと導いてくれる。その時までは、守護霊さんも痛しかゆしでお待ちになっているのだから、そう信じて努力していただきたい。

そうすれば必ず、ああ、この道に来てよかったんだ、今までの遠回りは、こうなるために全て必要なことだったんだ、と分かる時が来る。その時は、心も本当にニコニコと喜び、そして自分の人生に対して揺るぎない自信が身についているはずだ。

## 《宇宙からの強運コーナー　その二：「北極星絵馬代《えましろ》」神法》

ここで紹介するのは、北極星の「絵馬代」である。

エマシロ？　聞いたことがないかもしれないが、私の主宰するワールドメイトではポピュラーなものだ。要するに神社で見かける「絵馬」と、「形代《かたしろ》」がドッキングしたものである。

絵馬というのはご存じのとおり、自分の願いごとを書いて神様に奉納するもの。形代とは、「人形・形代（ひとがた・かたしろ）」ともいう。人の形をした紙に自分の名前を書いて神社に送り、神社で半年に一度お焚《た》き上げをしてもらって、身についた罪けがれを、神様に祓っていただくものである。いずれも、神社で古来から行われているもので、神霊界から見ればちゃんと意味と効果があるものである。

しかし、現代は宇宙時代である。特に、本書のテーマは「宇宙からの強運」だ。そこで、ここでは「北極星絵馬代」をご紹介しよう。これは、北極星の神様からパワーをいただき、願いを聞いてもらえるというものだ。

北極神界とは、太陽神界よりもさらに上級の、超高級な神界である。すべての災いを先天のうちに防いでしまう、最高の救済力を発揮される星なのだ。ここは、叡智と運勢の指針が凝結している星である。

この星の主宰神様は、「至聖先天老祖様《しせいせんてんろうそ》」。この神様に善なる願いをかければ、あらゆる才能が開き完成するキッカケと、導きが与えられるのだ。また、天命と寿命をつかさどる星でもあるので、一生の願いをかけることもできる。自分の生涯や進路にかかわることで、どういう指針を立てたら良いか迷ったときは、この星に祈るのがベストといえる。第二章で「天職」について書いたが、この北極星に祈れば、さらに大きく人生の指針が立つことだろう。

祈り方は以下の通り。

①まず、巻頭カラーページの「北極星絵馬代」を切り取る。

②願い事を、なるべく具体的に書く。例えば病気平癒なら、『○年○月から、ここがこのように悪くなっていて、医者はこのように言っています。ここをこうしてほしいのです』というように、具体的に書く。

③手を合わせ、袋とじページ最終面に記載の「天津祝詞《あまつのりと》」を唱える。邪気を祓い、神様に祈りが通じやすくなる。
④願い事を口に出して言う。
・まず、以下の秘文を、真心込めて二回唱える。
「北極星の青玄宮《せいげんきゆう》にます、至聖先天老祖様、守りたまえ幸はえたまえ」
・そして、自分が今あること、生かされていることや環境などについて、感謝の祈りを捧げる。
・次に、願い事について祈る。たとえ小声でも、声に出して祈ることで、成就力は倍増する。

なお、これは略式の祈願法である。正式な祈願法はもう少し長くなるが、ここでは割愛させていただく。

また、祈りを込めたあとの絵馬代だが、絵馬を神社に奉納するような気持ちで、お玉串料として二百円以上ご随意の額を添えて、ワールドメイトに送っていただければ、六月の「神力示現《しんりきじげん》・鹿嶋海原《かしまうなばら》びらき大神事」か十二月の「神権発動《しんけんはつどう》・伊《い》勢岩戸《せいわと》びらき大神事」にて、お焚き上げをさせていただく。特に、本書に掲載した絵馬代は強力特別版で、私が直接に真心込めて神様に言上申しあげ、祈りを捧げてお焚き上げさせていただくものである。

（〒４１０―２３９３　静岡県伊豆の国市立花３―１６２
　　　　　　　　　　　　ワールドメイト　絵馬代係）

人形・形代というものは、通常の神社では、三〜四名の神職の方がお焚き上げをしている。ところがワールドメイトでは、伊勢・鹿嶋という大神霊域に五千人以上の人々が集って祭事を行ない、一晩徹夜で真心込めて、絵馬代などを送って下さった人々のために祈り続ける。通常の神社の人形・形代よりも、はるかに強力な霊的開運効果が得られる所以である。

なおワールドメイトには、星のパワーを授かって運を強くできる人形・形代が幾つかあるが、その中でも「等身大形代」の人気が特に高い。これは、文字通り等身大の形代で、太陽・木星・月・水星・天王星の、星のパワーの窓口となるマークが描かれている。これをふとんの下に三晩敷いて寝ると、星からのパワーが、寝ている間に体中に浸透し、大運勢が付与されるのだ。まさに、「宇宙からの強運形代」である。これも同じく、五千名以上が徹夜で真心込めてお焚き上げをするので、興味がおありの方は、お問い合わせいただきたい。（☎０５５８―７６―１０６０）

# 第3章

# 考え方の工夫で生き方のコツを摑む

## 気分を盛り上げるための知恵

時には、孤独の中に身を置きながらも一生懸命ひたすら努力を続けていくこと、これが目に見えざるパワーを授かり、大きな強運を摑むための基本である。

しかし、あまりにも孤独すぎると、かえってやる気がなくなってしまう場合もあるだろう。緊張と緊迫の中に自分を追い込み過ぎると、途中でプッツンと切れてしまう危険性もないとは言えない。

孤独の中に身を置くこと自体が尊いのではない。大切なのは、神様へ向かう気持ちを持ち続けることだ。

その基本を踏まえた上で、たまには適度に自分を楽しませ、やすらぎを与え、元気づけてやることである。道は長いからこそ、緊迫のあまり悲壮感をただよわせることなく、明るく前向きな姿勢を持ち続けることが必要なのだ。要はバランスの問題だ。そうした知恵も身につけておいたほうが長続きするものである。

気分転換というのは要するに「気」ということで考えると分かりやすいだろう。

気が沈んでしまった時にはどうすればいいか。

簡単な話で、気を浮き上がらせればいいのだ。浮き上がらせるには、よい気に触れればいい。そして、よい気の代表的なものといったら、やはり神様をおいて他にないだろう。

だから、気分が沈んだ時は、旅行を兼ねて、ちょっと遠くの神社まで足を伸ばしてみることだ。弱った気を全部吐き出して、最上の気を思う存分いただけば、確実に気分が変わるだろう。それぞれの神社の効用については私の著書『神社で奇跡の開運』（たちばな出版刊）に詳しいので、是非ためしていただきたい。

それから、気のいい人と会うのもよいことだ。元気のいい友達から明るい話を聞けば、気分も盛り上がる。相手にしてみれば、気を吸い取られることになるのかも知れないが、その分、徳を積んだということにもなるので、遠慮は無用だ。

後はいい音楽を聞くとか、いい絵を鑑賞するというのも、よい気を受けることになる。何がよい気かというと、簡単な話で、それに接して気持ちがよくなれば、よい気だと思えば間違いない。よい気を受ければ、リフレッシュする。これは大切な知恵である。

## オシャレをして外に出よう！

女性だったら、思いっきりオシャレをして普段あまり行かないような所へ出掛けてみるのもよい。お化粧もいつもとは少し変えてみると気分も変わる。たまには別人のように変身してみるのも面白い。これは女性だけの特権といえるだろう。美の世界をつくり、自分がそこに浸ると、女性の場合たいへん明るく元気になるものだ。

元の顔は変わらないにしても、化粧の技術に磨きをかければいくらでも美しくなることができる。考えようによっては、生のままの美人というのは気の毒かも知れない。美しくある努力を怠りがちだから、やがて年を取ればどうしても醜くなる。

テクニックで美しく見せる技術を体得した人は、色々な技を次々に開発することで、永遠に美しさを保つことができる。出掛ける場所のＴＰＯに合わせて、様々な美しさを演出することもできるのだ。

素顔であるとかないとかは関係ない。見た目が綺麗で感じがよければ、それでいいのだ。本当は私もやりたいのだけど、やはりさすがにこれはちょっとできない。女性の場合許されているのだから、やらない手はないと思う。

このお化粧法のことに関しては、私の『こんな恋愛論もある』（たちばな出版刊）を参考にされるとよい。読むだけでお化粧が楽しくなるのではないかと思う。

イヤリング等のアクセサリーやファッションにも凝ったらいいだろう。とにかく自分を美しくしていく。この時、自分が本当に美しいのだと思い込むこと、確信することがポイントだ。自分は美しいんだ、美人なんだ、綺麗なんだ、こういう長所があるんだ、ということだけを考えてマイナスを一切見ない。

謙虚で反省し過ぎる人というのは、気を沈ませやすいのだ。「省みる」というのは、少ない目と書くから、ちょっと目をやれば十分。あまりマイナスのほうへ目を向け過ぎないほうがいいのである。

周囲がどうだとか、周りに左右されることもない。私は綺麗だ、世界で一番美しいんだと嘘でも思い込む厚かましさを持てるようになれば、落ち込むことも少なくなるし、立ち直りも早くなるだろう。

## 悪いことは人のせいにしよう！

謙虚で人のいい性格の人というのは、どうしてもストレスを溜めがちだ。「憎まれっ子、世にはばかる」というが、元気で長生きする人というのは、あまり自分を省みずに、悪いことは全部周囲のせいにするという知恵を身につけているようだ。

悪かったのは人のせい、失敗したのは環境のせい、私が不幸なのは日本の首相が悪いのだ、と。

「私の叔母は、本当に控え目ないい人で、信仰も篤《あつ》くて、姑にいびられるのにも健気に耐えた神様のような人でした。でも、早死にしてしまいました。霊界ではどうしているでしょうか」

昔、『霊界、それからのレポート』というのをやっていた時、そんな質問を受けたことがある。そこで、早速その叔母さんがどこにいるのか霊眼で見てみた。

すると案の定、中有霊界《ちゅうゆうれいかい》（霊界の真ん中あたりの世界）の下のほうだった。そういう人に限って、薄暗い霊界にいることが多いのだ。私さえガマンをすればいいのだから、と見た目はよかったのだが、心の中では暗い霊界を作ってしまっていたのである。

この方の場合、信仰心が深かったというのが、逆に仇《あだ》になってしまったようだ。前世の因縁や家代々の因縁だから、不幸は自分のせいだからこれを受けなければならないんだ、と考えてじっと耐える人生を選んでしまったのだ。だから、ストレスが溜まって、結局、結核かガンで早死にしている。

ところで、その叔母さんをいびりぬいた姑さんは、元気にやりたい放題で、周囲の迷惑を省みず八十五歳まで生きたということだが、この方もどこにいるか見てみた。

「あの人は絶対地獄ですよ」

と質問した女性は言っていたのだが、何と中有霊界の上のほう、天国に近いところで、相変わらず元気にやりたい放題やっていたのだ。

この不条理に、私もしばし霊界の法則を疑ったほどだった。

つまり、霊界とは内面の世界、想念、思いの世界なのだ。もちろん、今世で人を苦しめた分は罪になっている。カルマの法則は頑としてあるのだが、結局、今世で生きた心の状態に近い世界へと行くことになるのだ。そうやってストレスを発散して好きなように生きた人というのは、明るく元気で楽しいから、明るく元気で楽しい霊界へ行く。もちろん、それだけで最高の天国界へ行けるわけではないが。だから、「これが私の因縁だから」と今世で耐えて苦しむなんていうことは、あまり意味がないことだ。たとえ客観的に見て苦しそうな環境におかれても、意地でも心は苦しめないぞ！　と工夫すべきである。

いつも明るく人の五倍くらいの声で笑っていれば、悪霊も寄りつかないし、カルマも楽に乗り越えられる。だから、生きていても楽しいし、死んでからもいい霊界へ行くことができるのだ。

## 前世のお詫び、償《つぐな》いは必要か

特に信仰心の深い人が陥りやすいのが、「前世の罪」という意識をあまりに強く持ちすぎて、自分を責めて暗くなってしまうことだ。

前世の罪なんて誰にでもある。しかし、前世の徳分というのもちゃんとあるのだ。その二つが総合的に判断されて、今世に影響を与えるわけだが、これは霊界の通信簿のようなものだ。前世の成績に今世の成績が加算されて、それが死んでからの霊界のランクに影響するわけだ。もちろん、徳を積む（良いことをする）ほど、成績は良くなるし、刧を積む（悪いことをする）ほど成績は悪くなる。では、何が良くて何が悪いのかということになるが、ここでは到底書ききれないし、今までの著書と重複するので、『大天運』『大創運』『信仰の道』（たちばな出版刊）などを参照していただきたい。

ただ、徳を積んだか、悪業を犯したかは、いわばペーパーテストの結果であって、霊界のランクはもう一つの評価点が加わるということに気がつかないことが多いようだ。それが、想念のコンディションである（明るさ、軽さ、温かさなどがその目安となる）。これは成績でいえば、内申点にあたる。最終的にはペーパーテストと内申点の両方で決まるわけだ。

だから、少々ペーパーテストの出来が悪くても、いい子だったらゲタをはかせてもらえる。そういうふうに考えたらいいだろう。

よく「前世の罪のお詫びや償いはどうしたらいいか」という質問を受けるが、

簡単な方法をお教えしよう。宇宙創造の神を「⦿《す》の神（主《す》神、素《す》神）」と申し上げるが、この⦿の神様にお願いして、

「前世の罪を償います。お詫びします。お許しください」

と、それだけでいいのだ。

もちろん、許せる範囲は許してくれるかも知れないが、それ以上は無理だろう。

つまり、もうペーパーテストで結果が出ていることだから、ハッキリ言って頼まれても、普通の方法では修正のしようがないのだ（特別な方法がないこともないが、ここでは割愛する）。それよりは、今世で徳分を積んで、成績を上げることを考えてはいかがだろう。

ただ、不幸で不幸で不幸なことが続いてどうすることもできない時、この苦しみをどうやって理解したらいいのだという時もあるだろう。自らの心を救う方法がない時、「これは前世の罪だ」と自覚することが必要な場合もある。実際にそうなのだが、それを自覚することによって、人を恨まなくなるからだ。

夫を恨んだり、家を恨んだり、環境を恨んだりして、愚痴をこぼしたり、不平や不満で心を一杯にすると、益々現実を悪いほうへ導くだけでなく、内中点もど

んどん下がっていってしまう。だから、この場合は、自らのカルマのせいにして、人のせいにしないほうがいいのだ。

カルマを自覚することと、自分を責めることは違うことだ。前世の罪は悔やんでもあがなえないのだから、割り切って、今世努力するしかない。ある程度、年を取ってくると、この世で積める徳分というのも限られてくるから、それよりは、憎まれっ子になってでも世にはばかって、明るく長生きするというのも一つの方法なのである。

## 悪因縁を切る方法

「先生、私のおうち因縁が深いでしょう。小さい頃から苦労ばかりでしたから因縁が深いと思うんです」

そういう方がよく私のところに相談に来る。

ところが霊眼で見ても、言うほどの因縁がない場合がほとんどだ。

だから、

「いや、たいして因縁なんてないですよ。普通です」

と言うと、

「そうですかぁ」

とがっかりして帰っていく。

私も正直に言いすぎるものだから、かえって気の毒かも知れない。本人は因縁が深いと思い込んでいるのだ。

これは、よく病気の人にあるのと同じパターンだ。

病気と思い込んでいる人が、病院に行って、

「いえ、大丈夫、悪いところなんて全然ありませんよ」

とお医者さんから言われると、

「あれはヤブ医者だ」ということになる。

病気じゃないと分かっていても、ビタミンでも注射して、胃薬でも持たせてあげると大喜びで帰っていくそうだ。

これと同じで、人によっては自分が因縁が深いということに喜び?を持っているようなのだ。やっぱりね、だからこんなに苦労が絶えないのだと。

しかし、本当は自分が苦労したのは、余り頭がよくなかったのに努力もせず、その上性格も悪かったからだったりする。ところが、それを因縁のせいにしている。

だから、そういう方には、

「ああ、深いですねぇ。でも、ご苦労なさったから大分よくなってきて、今はあまりありませんよ」

と言うと、

「そうですか。そうでしょう、苦労しましたから」

などと、我が意を得たりといった顔で満足そうにしている。

つくづく人間の心の不思議さを感じさせられるものである。

## 因縁と先祖供養

因縁が深いというと、法華経系の仏教教団ではさかんに先祖供養を勧めるところがある。先祖はいくらでもいるから、供養のリピートオーダーは幾らでもできるという仕組みになっているようだ。

実際の話、自分の先祖がどれくらいいるか考えたことがあるだろうか。三十代さかのぼれば、約一千万人は軽くいるという計算になる。そして、家が廃れていようと何だろうと、これは確実にいるわけだし、むしろ供養されてない霊のほうが圧倒的に多いわけだから、それをいちいちひとりで全部供養するなんていうことは、不可能だと言ったほうがいい。

ちょっと冷静に考えてみよう。

親戚縁者の中で、一番運がいい人、前向きな人生のプランをピシッと設けて、着々と実行している人がいるだろう。その人は、先祖供養をしているだろうか。

逆に信心深く、先祖供養を欠かさない人が、年中「具合が悪い、具合が悪い」と言っていたり、やることなすことパッとしなかったりはしないだろうか。

身の周りを見渡すと、必ずそういう例が見つかると思う。何故なら、これは法則だからだ。

信心深いということは、要するに霊界に理解を示すこと、霊界にチャンネルを合わせていることに他ならない。

因縁が深い深いと思っていると、霊界のマイナス世界に感応するから、色々な先祖の霊とか、浮遊霊、地縛霊を逆に呼び寄せてしまう。それで、やることがうまく行かなくなり、つまずいて不幸になってしまうのだが、発端は因縁が深いと思ったところから始まっているのだ。

特に、戒名を上げて呼んだりすると、地獄でおとなしく苦しんでいた先祖の霊が、

「あっ、呼んでる。助けテー！」

とパッと寄って来る。呼ぶから来る、あたり前のことだ。

すると、その周りにいる地獄の霊たちも羨《うらや》ましいものだから、

「俺も、俺も」

ということで、どんどん憑《つ》いて来る。

これで重たくならないわけはない。それで、あっちが痛い、こっちが痛い、頭が重い、足が痒《かゆ》いということになってしまうのだ。

## 先祖供養はほどほどに

先祖供養もまったく駄目というわけではない。

お盆の時や、一周忌、三回忌、七回忌、十三回忌、十七回忌、二十三回忌、二十七回忌、三十三回忌までは霊界で許可されているので、やったほうがよい。やらなかったら、「なぜやってくれないんだ」と霊が怒って、具合が悪くなってくる場合が多い。

しかし、それ以外に、特に毎日毎日繰り返すというのは、問題が多いと言わなくてはならないだろう。

第一、そんなに毎日供養しても、本当に霊を救えるのかという問題もある。

前述の通り、三十三回忌までの回忌供養はたしかに生きるし、意味がある。なぜ、三十三回忌までかといえば、人は死後約三十年間は、「幽界」という世界にいて、この世の汚れと想いを払拭し、その期間が過ぎると本当の霊界へと旅立つからである。この幽界にいる間は供養も届くが、ひとたび霊界へ行くと、霊たちはそれぞれのランクに従って、天国界・中有界・地獄界などで修業することになる。ここまで追いかけて供養をする必要はもはやない。

だいたい、よほどの神権を受託された者でないと、一般の人が行なう先祖供養では、地獄界にいる先祖を救済することはできないのだ。それどころか、不用意に地獄界の霊などを救済しようとすると、かえって地獄の霊の修業の邪魔をし、呼び出してしまうことにもなる。

霊だって年中呼び止められていたら、成仏したくても出来なくなってしまうのだ。

何故そんなに一生懸命供養をするのかというと、実は暇だからという場合が多い。仕事を通じて社会に貢献するという役目を終えて、やることがなくなって、暇だから先祖供養や墓参りを趣味にしているというケースがほとんどなのだ。

だから、なるべく暇にしないで次々と人生の目標を設定したほうがいい。今年一年は何をする、今月は何をするとパシッと決めて、目標に向かって努力をすることだ。

一生懸命努力をすれば、年齢に関係なく魂は発動する。魂が発動すれば、守護霊さんが応援してくれる。そして、邪気を払いのけて、浮遊霊を追い払って、先祖の霊はしかるべき所へ案内していただけるのだ。

すると、たちまち体も元気になるだろう。

もう一つ。先祖供養をすれば、死んでから自分がいい霊界へ行けると思っている人がいるようだが、これも大間違いである。

死後どんな霊界へ行くかは、前に説明したように今世何をしたかという成績と、どんな想念を持っているかという内申点で総合的に判断されるのだ。先祖供養と墓参りの日々は、どう考えても明るく前向きで積極的な日常とは言えないだろう。

それよりは、温泉に行くとか、趣味を作って打ち込むとか、子どもや孫が言うことを聞かなかったら、「近頃の若いものは」と言って説教するとかして、ストレスを発散して、世にはばかりながら笑って過ごしたほうがよほど幸せだし、死んでからもよい霊界へ行くことができるのだ。

## 般若心経の功罪

先祖供養の場合、般若心経をあげることも多いようだ。

般若心経は大変パワーのあるお経で、仏様を動かす霊力に基づいて一定のパターンを踏まえて唱えると、不動明王や大日如来などの仏様が来るようになっている。

しかし、仏壇の前やお墓で般若心経をあげると、そこら中の霊がわぁーと寄って来て、背中にびっしりと憑いてしまうのだ。

霊眼で見ると、般若心経の波動というのはピカピカと光っている。これが、霊にとっては大変に気持ちがいいらしい。

子どもに飴玉をやるのと同じことで、一つやると、

「もっと、もっと」

と寄って来る。

「摩訶般若波羅蜜多……」

「もっと、もっと、もっと、もっと」

ピカピカ光って気持ちがいいから、どんどん、どんどん霊が寄って来る。

そして、

「はい、おしまい」

と言っても、帰ってくれないのだ。

子どもと遊んだ後に、

「もう終わり。御飯作るから、あっちへ行きなさい」

と言っても、

「お母さん、もっとやって。もっと、もっと、もっと、もっと」

と子どもは言う。

「はい、分かりました」

と言う子は滅多にいないわけで、特に浮遊霊は子どもと同じだと思えばいいのだ。

般若心経は書いてある意味が大切なのである。

「形あるものはやがてなくなる。なくなるということもなくなる。だから、形あるものに拘泥《こうでい》しないで、目に見えない実質、実相を見なさい。そして、此《こ》の岸から彼《か》の岸に渡りなさい」

というのがその大意である。

般若心経の意味をよく理解して、現世への執着をなくす。生きている人にとっては、その意味を知ることは大切である。死んでいる人もその意味が分かればいい。ところが実際にあげている人は、意味もそれほど深く考えず、ところかまわずあげていることが多い。すなわちリズムとサウンドだけだから、ピカピカ光っているだけで、霊を説得して納得させる力がないのだ。

夏の夜、庭で光をピカピカさせていると虫が飛んで来る。それと同じようなものである。

## 宗教団体をやめる方法

読経や先祖供養に限らず、どうもちょっと変だということを「善意」でしきりに勧める知人やお友達に辟易《へきえき》としている方も多いだろう。

そんな方には、これこれこうだからとちゃんと説明してあげても、

「いや、○○先生はこうおっしゃっているから」

と、理屈にならない話で押し切られてしまう。

そして、毎日家に訪ねてこられて、納得しないままに、その教団の信者にされ

てしまい、やめたくてもやめられないで困っている方も多いようだ。

やめづらい宗教団体をやめるにはどうしたらいいかというと、簡単な話で、引っ越ししたらいいのだ。引っ越しして住所も電話も教えなかったら大丈夫だ。

気学や方位学が好きな人だったら、九紫火星《きゅうしかせい》の方角か南の吉方位に越すと、悪縁が切れて、いい縁ができるので、なおいいだろう。

それでも、どこかで調べて来たらどうすればいいかというと、もうこれは無視するしかない。

相手の言うことに、何か異議を唱えると、向こうも真剣だからムキになる。だから、縁を切りたいのだったら、徹底的に無視すること。それしかないのだ。

会社でも従業員をやめさせたい時には、そういう方法をとる。

「君はどうも自分勝手な行動が多くて、チームワークを乱すから会社をやめてくれないか」

と言ったら、その従業員はとりあえず、

「改めます」

と言うだろう。

それで改めてくれればいいのだが、いくら注意しても改まらないから、やめてもらったほうがいいという結論になったのだ。

「改める」と言っている相手に「やめろ」とは言えないから、また同じことの繰り返しになってしまう。

だから、これはもう直しようがないという場合、会社ではどうするかというと無視をする。

「君、窓際のほうが日当たりがいいから、あっちに机を用意したよ。ここでどうだ。もう外回りはしなくていいから、多少日にも当たらないとね」

と言って、仕事は適当に、あってもなくても困らないようなことをしてもらう。

会社の体制がどうの、と文句を言っても何を言っても、一切取り合わなければ、面白くなくなって、そのうちやめていくだろう。

このように、宗教団体をやめたい場合も、一切取り合わないで無視をするのが一番だ。

これが、いろいろなケースに応用できる、悪縁を切る一番いい方法なのだ。

## 悪霊も無視が一番

これは霊も同じことだ。

とり憑いた浮遊霊に、

「あっちへ行け、この浮遊霊。私はお前なんかに絶対やられないぞ」

なんてやっていると、浮遊霊は、

「そうは言うけど」

とニヤニヤしたままだ。

つまり、絶対負けないとか、あっちへ行け、というのはその存在を認めて、意識を向けているということなのだ。

相手になれば、浮遊霊は面白がって喜んで、いつまでも憑いていて離れない。

キツネもそうだ。

低級霊というのは、人にちょっかいをかけたいわけだから、払えば払うほど寄って来る。意識するということは、霊界のチャンネルが合っているということだから、どうすればいいかというと、バチッとチャンネルを変えてしまえばいいのだ。

霊が憑いて吐きそうになるほど苦しくても、顔を歪ませながら平気で仕事を続ける。

「先生、どうしたんですか？」

「ちょっと蛇が来たもんでね」

「深見先生、何やってるんですか？」

「いや、行者の霊が」

私の所にも年中来るけど、平気で仕事を続けている。

幾らちょっかいをかけて来ても、無視し続けると、向こうもだんだん張り合いがなくなって面白くなくなる。だから、そのうち飽きて、親戚縁者か隣の家に行ってしまうのだ。

## いいものは確信せよ！

そう考えると、神様や守護霊を無視し続けると、その御加護が得られないということもよく分かるはずだ。だから、幸運になりたければ、神様や守護霊を常に意識して、チャンネルを合わせればよいということになる。いいものは、確信すればするほど、大きな力を示してくれるのだ。

神様や守護霊に限らず、自分にとってプラスになると思えるもの、自分を素晴らしくするものは何でも積極的に信じたほうがいい。他人が褒めてくれたら、お世辞だと分かっても素直に喜んで、それを信じる。占いでも、自分にとっていいこと、都合のよいことだけを信じればいい。

そして、たとえ誰も言ってくれなくても、自分で自分が美人であるとか、異性にもてるとか、才能があるとか、信じたらいいのだ。

とにかく、前向きで自分を幸せにすること、発展的だと思えることは何でも信じること。そうすれば、明るく前向きで発展的な霊界（波動の世界）が広がり、キラキラと輝いてくるから、明るく前向きで発展的な事柄が自然に引き寄せられて来るのだ。

逆に自分の心を重く沈めるようなこと、嫌なことは、他人から言われてもあまり気にしない、意識しない。自分のマイナス面だと思うところもなるべく無視すれば、マイナスは広がらずに最小限にとどまる。

要はマイナスを小さくして、プラスを大きくすればいいわけだ。

## 悟りとは考え方の工夫である

「悟り」とは、りっしんべん（忄）に「吾（われ）」と書く。りっしんべんは「立心偏」と書き、心のことを表す。だから、「悟り」とはつまり、我が心という意味だ。我が心、つまり自分の心のあり様が悟りなのであって、真実かどうかではない。正しい考え方かどうかなんていうこともどうでもいい。

こう考えたほうがハッピーだ、こう考えたほうが前向きだ、こう考えたほうが面白い、という考え方の工夫、それが「悟り」なのである。

こう考えたほうがストレスがない、こう考えたほうが長生きできる、こう考えれば気が楽だ、とちょっとでもベターだと思ったら、その考え方を確信すればいい。

自分の考えは絶対だ、そう簡単に変えられないと普通は思っているが、そんなことはない。それは思い込みである。考え方なんていくらでもあるし、自分でいくらでも変えていくことができる。考え方なんて、自分でクリエイトしていったらいいのだ。

「私はこうだと思うんだけど」というのは、その「思い」にやられている。その「思い」があきらかにマイナスなものでも、「自分の思いなのだから大切にしなければ」と思うのか、その情感に浸っていたりする。しかし、自分の思いなんてどうでもいいのだ。なぜなら思いなんて、絶えず変わるものだから。

いいものを見たら、気持ちがよくて幸せな気分になるし、嫌なものを見たら気が沈んだり、腹が立ったりする。寒い時や空腹の時は弱気になりやすいし、暑い時はやる気をなくしやすいものだ。美人を見たら元気が出るし、失恋したらドカーンと落ち込む。

思い――、それはその時々見たり聞いたりしたもの、五感で感じたものにいつも影響されて、コロコロ変わるものなのだ。コロコロ変わるから心（ココロ）というのだが。

同じように、考え方というのも絶対的なものではなく、五感で感じるものによっていつも影響を受けている。あるいは、その時々の思いを合理化して言葉で説明することを「考えること」だと勘違いしている場合さえある。だが、考え方をちょっと工夫すれば、思いなんて案外簡単に変えることができるのだ。

だから、マイナスの思いが出た場合には、プラスの考え方を無理にでもひねりだして、「これがいいんだ」と思えばいいのである。

例えば、何か嫌なことがあった時、誰かを恨むのではなく、

「ああ、これでまた一つ自分の業が消えた。よかった、よかった」

と思う。あるいは、

「本当はもっと不幸な日に遭うかもしれなかったのを、神様がこの程度で済ませてくれたんだろうな。ありがたい、ありがたい」

と喜ぶ。その良い念が、良い運気と引き合って、良い守護霊の加護を強くする。マイナスの思いを媒介にして、不幸にしてやろうと思っていた邪霊も、「あらっ？」ということで近寄れなくなる。

これが「一念の自己管理」というものであり、天台宗を大成した中国の智顗《ちぎ》が説いた「一念三千」の教えを、日常生活の中で活かせる応用形といえる。まさに、

今現在出す一念が、三千大世界をかけ巡り、その念の種類にあわせて、自分の魂が天国界にも地獄界にも感応するのだ。つまり、「ただ今」の一念こそが、善悪正邪、天国地獄の分水嶺となっているのだ。それを知れば、マイナスの「思い」を後生大事にかかえていることが、いかに馬鹿馬鹿しいことかわかるだろう。

だから、先に書いたように、マイナスの思いをプラスに変える考え方の工夫というのは、単純なようで実に大きな強運のコツだということだ。

## 改善できること、できないこと

世の中には改善できることと、できないことがある。女として生まれてきた人は男にはなれない。男として生まれて、時々女になっている人もいるけど、やはりこれも変えられない。

太り過ぎはダイエットをすればやせられるが、背が低いのは、いくら引っ張ってもそれ以上は伸びない。いくらフランスに生まれたかったと思っても、日本に生まれてしまったのだからしかたがない。

六十歳になってしまったら、もう二十五歳には戻れない。禿げた頭はカツラで隠すことはできても、髪は元には戻らない。

考え方で改善できるものは改善すればいい。しかし、もう直りようがないものは考えても仕方がないのだ。「諦め」というと消極的なイメージだが、そういうものは、なるべく見ないように蓋をしてしまうに限る。

あるいは、人のせいにする。

色が黒いのは総理大臣のせいだ。足が短いのは今日雨が降ったからだ。顔が大きいのは、政府が外交政策をしっかりしないからだ、と。要はクヨクヨ悩まない、自分を苦しめないということがポイントなのだ。

世の中には改善できることが幾らでもある。改善できないことを考えて悩んでいる暇があったら、考え方を工夫して、改善できることからどんどん改善していったらどうだろう。要は、トータルして総合得点がプラスになればいいのだ。

## 楽しみながら業を消す方法

よく苦労しなければ業は取れないとか、辛い思いをしなければ因縁が消えないというようなことがいわれている。これは、ある意味では正しい。つまり、カルマを解消するためには、客観的に見て苦しい状況に追い込まれるということだ。病気や怪我で入院するとか、お金がなくて苦労するとかである。

しかし、他人から見てあきらかに「苦」という状況でも、考え方の工夫一つで「楽」に置き換えることもできるのだ。例えば、もっと悪い人もいるのだから自分は恵まれているのだとか。あるいは、入院を機会に小説を書いて新人賞に応募するとか、運のいい人から借金をすることで、これから金運がつくのだとか。考えることは自由だし、しかもそれで自分の心は明るくなり、運が回転し始めるのだ。こんなにいい話はない。

この「悟り」があるかないかで、実は業を消すスピードが一・五倍～二倍くらい変わってくるのだ。

他人から見れば苦労だけれど、そんな時でも本人は結構楽しんでいる。そうい

う時は、守護霊さんも、

「よしよし、よく魂を磨いておるな」

ということで、特に応援してくれるので、非常にスピーディーに業が取れていくのである。


同じ一つの出来事にあったとしても、それを不幸・不運ととらえるか、苦の中に楽や「学び」を見つけて積極的に受けとめていくのかでは、その後の人生ならびに死んでからの霊界のレベルにおいて、非常に大きな差が出ることを再確認してほしい。

明るく前向きに考え方を工夫していくことの効用をまとめてみよう。

①明るい想念は明るい現実を引き寄せる。
②長生きをしながら、霊界の成績の内申点があがる。
③楽しみながら業を消すことが出来る。
以上三点の他にもまだまだあるだろう。

実践的に色々応用しながら、あくことなき生活修行を続けていただきたいものだ。

## 《宇宙からの強運コーナー　その三：土星「シェイプアップ」神法》

さて、ここまで書いたように、明るく元気に気分を盛り上げることは、実に大切なことだ。女性の場合はお洒落やお化粧ひとつで随分気分も変えられる。

しかし中には、自分のスタイルを過度に気にする人もいる。何にせよ、シェイプアップやダイエットは、全女性共通のテーマといえるだろう。そこで、ダイエットの悩みに答える神法を一つ紹介しよう。名付けて、「土星シェイプアップ神法」だ。やり方は次の通り。

①手を合わせ、袋とじページに記載の天津祝詞を唱える。

②土星をイメージし、土星の神様に、具体的にお祈りする。

例…土星の神様、土星の神様、土星の神様…（イメージしながら、十回くらい）

ダイエットがなかなか成功せず、ウェストが現在○○センチなのですが、これがあと○○センチほど減って、美しくなりますように…など。

③やせたい部分をさするか、食べたいときは胃の部分をさすりながら、以下の秘文を十回唱える。

『しりぞくしりぞくささのかみ　ふりさくふりさくちかわにく
あまつとびらにちかわひちる』

この秘文の、「しりぞくしりぞくささのかみ」の、「ささの神」は筋肉のことだ。あれを食べたい、これを食べたいと思う筋肉の働きをしりぞかせ、過度な食欲を減退させる働きがある。

「ふりさくふりさくちかわにく」は、血・皮・肉がふりさかれていって、ターゲットの部分に余計な脂肪がなくなっていくことを指している。

「あまつとびらにちかわひちる」は、血皮火散るで、筋肉や細胞が広がろうとしているものが、燃え上がって散っていく様子を示す。この言霊に、土星の神様がパワーを与えて下さり、その通りにお働き下さるのだ。『強運』で紹介した、パワーコールの一種と思っていただきたい。

なお、スタイルに悩む女性のためには、「バストアップ神界ロゴ」というウルトラ技もある。こちらは、拙著『恋の守護霊』（たちばな出版刊）と、この本の袋とじのページにも紹介してあるので、ご参照いただきたい。

第4章

# 新しい時代に入る準備をしよう！

## ―神人合一の道は生活修行にあり―

## 神人合一《しんじんごういつ》の時代がやって来る

十二月二十二日は冬至。一年で最も昼が短く、夜が一番長い日であり、最も陰《いん》の深まる時である。しかし、逆に言えば、その日から日一日と陽《よう》は長くなってくる。陰きわまりて陽になるということから、「一陽来復《いちようらいふく》」という言葉が出てきたのだ。

目に見える世界、形の上での春は、三月〜五月だが、無形の世界、先天の世界では冬至の日からすでに春は始まっている。目に見えぬ陽が徐々に大地の奥深く蓄えられて、植物は芽を出す準備を始めているのだ。

昭和五十一年の降りしも冬至の日、植松愛子先生の元に神様がお降りになって、「天の時来たれり」という御神示が示された。これからは、神と人が一つになる、神人合一の時代がやってくる、ということで「神人合一の道」が神様より降ろされたのだ。

その頃、私はサラリーマンをしながら、神様の道を目指していたのだが、神様に御用だからと命じられて、何故か笛ばかり吹かされていた。『荒川の笛吹童子』

などと会社の先輩にからかわれながら、神様に命じられるまま荒川の橋の下で笛を吹く練習を続けていたのだ。

一方、植松先生は神様から「笛吹童子がやって来る」と言われて、一体何のことかしらと思っておられたそうだ。

そして、昭和五十二年の一月五日、神様のお導きで、私は生涯の師である植松先生と出会うことができたのだ。

それから、植松先生の元での私の修業時代が始まった。そして十年間、天の時が来るのを待って、基礎の修業を積み上げていき、昭和六十年から「世に出なさい」という御神示どおりに動いている。

神人合一。神様と人間が一体となるなど、大それたことだと思うかも知れない。しかし、歴史上神人合一している人というのは何人もいるのだ。弘法大師《こうぼうだいし》も伝教大師《でんぎょうだいし》も神人合一した人である。南北朝においては楠木正成《くすのきまさしげ》公、戦国時代では上杉謙信《うえすぎけんしん》公など武将の中にもいる。あるいは、ダヴィンチやミケランジェロもそれなりに神人合一している。それらの人々は皆、人智を遥かに越えた才能を発揮し、有形無形の素晴らしい遺産をいとおしさを持って世の中に残している。「神人合一」というと抹香くさく聞こえるかもしれないが、宗教家でなくても神人合一はできるのだ。

そのように、経済、芸術、宗教などあらゆる分野に渡って、人間の知恵だけではなく、神様と人間が一つになってやって行かなければならない時代がもうすぐやって来る。それは、この地球上に理想の世界『弥勒の世《みろくのよ》』が実現することであり、私たちは今、その新しい時代を迎えるための過渡期にさしかかるところなのだ。

これからの世の中がどうなって行くのか、その方向性については、『神霊界』(たちばな出版刊)に詳しく書いたが、ここでもう一度記しておこう。

新しい時代『弥勒の世』の到来とは、新年を迎えるようなものだと考えたらいい。

正月とは「正《ただ》す月」と書く。「正す」という字は「一」で「止まる」と書く。つまり、一番大事なもので止まる、一厘で止まる、ということだ。どこで止まるのか。そこには、「不動の」とか「揺るぎない」とか「善なるもの」という意味が含まれている。

正月は自らを正す月である。
そして元旦。
「元」はもとへ返る、「旦」は、地面の上にお日さまが出ているところを表している。
年が明けて、
「おめでとうございます。今年もよろしくお願いいたします」
と日本人なら誰でも挨拶する。
元旦の来ない大晦日はないわけで、神霊界の構造もちゃんとそうなっている。
それが「神仕組《かみしくみ》」、神様がこの世に実現させようという願いのシナリオだ。

## 年末年始の過ごし方

新しい年を迎えるために、年末にはやらなければならないことがたくさんある。
色々準備が忙しくて、お師匠さんも走り出すというので十二月を師走という。
一年間お世話になった人には御歳暮を送ってお礼を言う。お金や物の貸し借りもきっちりと精算して、新しい年に持ち越さないようにしなければならない。それから、大掃除だ。一年間たまった煤を隅々まで綺麗に払い、家中をピカピカにする。

そして、門松を立てる。マツという言霊《ことたま》の通り、神様を、お待ちするのだ。松は常磐木《ときわぎ》といって、寒い時も暖かい時も、春夏秋冬一年中色が変わらないエバーグリーンの木だ。松を立てることには、一つの信仰心とか一つの道を志したら、コロコロ心を変えないで、どこまでも貫き通すという意味がある。

そのように、変わらない心で神様をお待ちするのだ。

松はまた、地球神霊界の主宰神、国常立之尊《くにとこたちのみこと》様の御魂が変化したものである。私が霊的に松を描くと、国常立之尊様の神魂を凝結するので、これはもう単なる絵ではなくなり、燃えるような熱さを感じる神符にもなる。また、仙人が松葉や松の実を常食するのも、霊的なパワーを吸収するためなのだ。

このように松の中には様々な真実が内包されている。しかるべき意味を込めて、松を立てて神様をお迎えする。元旦は一へ返り、一に戻って新たなる出発をするのだ。

天理教や大本教などの教派神道《きょうは》では、新しい時代を迎える「神仕組」を「立て替え、立て直し」と表現している。これは元々建築用語なのだが、どういうわけかイエスも父親から大工さんの血を引いているので、やはり立て直しというようなことを言っている。

要するに、家の改修工事だから、トントントントンとやって建物は揺さぶられる。しかし、これは揺さぶるために揺さぶっているのではなくて、新しく綺麗で住みやすい建物をつくるために前の建物を改装しているのだ。

いずれにしても、神様は「仕組み」を建てているわけで、私たちは今、新しい時代に入るための準備をしなくてはならない。どういう準備をすればいいのか、ということで神様から示されたのが「神人合一の道」なのである。

## 世の中の役に立てる人

新しい時代を迎えるために、世の中の役に立ちたいと思っても、神人合一しているかいないかで、役に立ち方が天と地ほど違う。それはそうだ。神様と一つになって動けば、神様の意をそのまま地上に映せるのだから。

第1章で、世の為人の為になるには、まず自分を磨くこと、という内容を書いた。しかし、いつまでたっても自分のことで目一杯、というような人では、真に世の為とか、人を救済することなどはできないということなのだ。つまり、泳げない人や、やっと泳げる、というような人では、溺れている人を助けるなんてできない、というのと同じである。もちろん、それでも志の大きさは、神様が評価して下さっているのだが。

ところで、救済にも二種類ある。

一つは「井戸《いど》の卦《け》」といって、これは一般大衆向けのものだ。こんこんと湧き出る井戸水が、あまねく人に行き渡るように、どんなに苦しんでいる人も一人一人救ってあげようという救済法。これは神人合一の時代が来るまでの神様の慈悲だ。

そして、もう一つが「鼎《かなえ》の卦《け》」という。鼎とは、三本足の鉄の釜である。

例えば帝《みかど》が、鼎に入れて神へお供え物をして天の功徳をいただく。その功徳を文部大臣に授ければ文部行政が良くなっていく、厚生大臣に授ければ厚生行政が良くなっていく。こうして世の中が良くなっていくという、選ばれた人たちを通しての救済法だ。

選ばれた者とは、お金があるとか、社会的な地位や名誉があるということではない。生まれ変わり死に変わりを繰り返し、修業を積んだ御魂を「夙魂《しゅくこん》」という。その御魂の持ち主が、新しい時代の役にたつ人なのだ。

そうした御魂の人は、前世で相当に高いレベルまで己を磨いている。だから、生半可な宗教の教理を聞いても、「まあそんなものだろう」と軽く受け流す。既に前世で体得しているレベルに、ほど遠いからである。それゆえに、宗教的なものにほとんど興味を示さない場合もある。そんな人物が、ひとたび仕組に巡り会うと、前世の高い霊的素養がメキメキと現れて、ものすごい救済力を発揮する人になったりするのだ。

また逆に、宗教巡りを繰り返す人もいる。しかしこうした人は、いろいろな宗教に行っても、どこかもの足りなさを感じている。本を読んだり、様々な霊能者さんの言葉を聞きながら、もっと本当のものがあるんじゃないかと思い、何か満たされないでいる。あるいは、芸術をしていても、学問を深めても、日常生活の

中でも、

「これだけじゃない。もっと本質的なものがあるはずだ」

という魂の叫びがある。

それが夙魂《しゅくこん》だ。

吉田松陰の有名な言葉に、

「斯《か》くすれば斯《か》くなるものと知りながら、やむにやまれぬ大和魂」

というものがある。

明治維新を支えてきたのは、皆そうした魂の持ち主であったのだ。

こうすれば、こうなるんだと分かってはいるのだけど、やむにやまれない何かの気持ちがある。このやむにやまれぬ求道心、それが夙魂なのだ。

## あなたは夙魂《しゅくこん》の持ち主か?

魂の修業の過程とは一様のものではない。

前世、今世と善なるものをどこまでも貫き、修業を積んだ御魂もあるだろう。

あるいは、時代の要請で仕方なく悪業を積んで、一時地獄に落ちたけれど本来は善なる御魂というのもある。神様の情状酌量で、地獄の蓋が開けられ、仕組の役にたてようと最後にもう一度回復のチャンスを与えられたのだ。

そうして、天の時が来たから、新しい時代を開くためにこの世に生まれ変わって来たのである。

そうした御魂は、自分自身の使命をどこかで感じているはずだ。

例えば、私の本を読んだり、植松先生のテープを聞いて、何だかとても懐かしい感じがするとか、「これだ！」とピーンと来るものがあったとか。

本屋さんに別の人の本を買いに行ったのだけど、何故かパッと手が出て、私の本を手にとってしまい、買ってしまったとか。

「守護霊のお告げで本を買いました」

という方もいた。

いろいろな方がいるだろうけれど、すべては神様の御縁でつながっている。そういう夙魂は守護霊さんがよく御存知だし、本人の御魂がよく知っているのだ。

だから私は、無理にすべての人に伝えたいとは思ってはいない。

世の中には、色々な考え方の尺度を持っている人がいるし、色々なやり方もあるだろう。だから、幾ら言っても、信じるか信じないかということになってしまう。

私は、この夙魂に巡り会って、最高に素晴らしい本当の御神業ができればいいと考えている。

ただ、その人が夙魂かどうかは、本人も気づいていない場合が多い。だからあらゆる人に、何度かは声をかけてみる必要があるのだが、それでも全く興味を示さない方は、縁がなかったか、あるいは天の時機ではなかったということだ。

その場合、注意することがある。それは、この人は素晴らしい、と思う人が実は大したことがなく、こんな人はどう間違っても神仕組になんか縁はなさそうだという人が、意外に、一度神縁に触れると猛烈に目覚めたように世の為、神仏の為とガンバリ出すこともあるということである。

坂本龍馬などがそうであった。彼は酒浸りの生活をしていたのだが、勝海舟という縁によって、俄然、世の為人の為、日本の国の為に人が変わったように立ち上がったのだから。このように縁と機が熟すまで、人の真価は分からない、ということである。

## 神人合一への道

さて、いかなる夙魂の持ち主でも、それで完成しているというわけではない。それは、神様のお役に立ち、新しい時代を担っていくべき人間の一つの条件なのであって、これからが本当の正念場だということを心得ていただきたい。

そのために植松先生のもとに「神人合一の道」が降ろされたのだ。

神人合一の道というと抽象的だが、具体的にいうと神人合一するための神法が降ろされたのである。

「神法」とは、また「心法」でもある。もっと簡単にいうと、

「ばかをやめて賢くなれ」

これもひとつの神法なのだ。

さて、これからその基本的なことを私自身の修業体験を交えてお伝えしていこうと思うのだが、その前に私と植松先生の役割分担について説明しておこう。

私の役目というのは、言わば九分九厘までなのである。つまり私だけでは、あと一厘、本当に大事なものが抜けているのだ。真面目に考えると虚しくなるので、考えないようにしているのだが、その、あと一厘のポイントを吸収するために、残りの九分九厘を準備するのが私のお役目なのだ。

それに対して、植松先生が教えるのはポイントばかりである。あらゆる宗教、あらゆる芸術、あらゆる道のポイント、だから一厘なのだ。

その一厘のポイントがどんなに素晴らしく偉大なものか、どのようにしてそれを吸収しなければいけないのかということを私が実践して、皆様にお伝えするというのが私の役割なのだ。

エジソンは「一%の閃きと、九十九%の努力」というようなことを言ったが、一厘と九分九厘、それで全体が完成するのである。

## 本当の教えは生活の中にある

では、いよいよ神人合一への修業の実際をご説明しよう。とはいっても、山に入って滝に打たれるとか、何日も断食をするというようなものではない。

神人合一の基礎は、すべて生活の中での修業にあるのだ。

本当の最高の⦿《す》の神の教えは、一番身近な、平々凡々とした日常の中にこそある。道元禅師はこれを「遍界《へんかい》いまだかつてこれを隠さず」という言葉で表現した。

宇宙の神髄はどこにあるのか。

「遍界いまだかつてこれを隠さず」

御仏の真意はどこにあるのか。

「遍界いまだかつてこれを隠さず」

つまり、真理とか神髄というものを天はいまだかつて隠したことがないのである。

道元禅師が七年間中国に渡って帰ってきた時、

「道元さん。素晴らしいお師匠さんのもとで修行して、いいことを体得なさったでしょう。その成果を聞かせて下さいよ」

と言うと、道元禅師は、

「私は空手で行って、空手で帰ってきました」

と。

「へぇー、拳法の修行もしたんですか？」

「そういう意味ではなくて、何も持たずに行って、何も持たずに帰ってきたのです。ただ、太陽が東から出て西に沈むということが分かりました。眉毛眼上《もくもうがんじょう》にあり、鼻は縦に長くて、眉毛は横に長いということが分かりました」

当たり前のことである。

そして、当たり前のことの中に素晴らしい真理があるということを、道元禅師は悟ったのだ。だから、中国に行く以前とはすべてを見る目が違う、奥の境地が違う。そこに全ての神髄があるということを道元禅師は悟ったのである。

禅では「柳は緑、花は紅」ということを言うが、これも同じことだ。柳は緑のままで、森羅万象の全てを語っており、花は紅のままに森羅万象の全てを語っている。そこに神髄を見るという、境地を語っているわけである。

## 素直に見れば神髄が分かる

「眉毛眼上にあり」あるいは「柳は緑、花は紅」というのは、虚心坦懐《きよしんたんかい》、つまり素直に物を見る中に、奥底を悟るということだろう。

植松先生は「素直」ということを、その字を分解して「主から糸が真っ直ぐに垂れているのだ」と説明している。「素」というのは、自分自身の中の御魂であり、御本霊であり、あるいは宇宙の⦿《す》神、素《す》の神様である。

素の状態で物事を受け止めていけば「スーッ」と入っていく。すると気分も「スーッ」とする。それが素直ということである。

それを災いするのが、「我」と「慢心」と「怠り」だ。これが神様が一番嫌いなものであり、本人の御魂を曇らせるものでもある。

素直になっていくための修業の一つが、禅宗でいう「脚下照顧《きやつかしようこ》」というものだ。よく玄関口などに「履物をそろえようね」ということで、この言葉が書いてある。足元を照らして顧みようという意味である。即ち、平々凡々とした日常のことをキチンとやる中に全てがあるということだ。

ある人が趙州《じょうしゅう》禅師の門を叩いて、

「仏法を深く勉強したいと思います。宇宙の神髄を会得したいと考えております。入門させていただけますか」

とたずねた。そうして、

「ああ、いいよ」

ということで弟子になった。

「お師匠さん。何を修行すればよろしゅうございますか」

すると禅師は、

「お前は飯を食うか」

と問うた。

「えっ、飯は食べますが」

「じゃあ、その後食器を洗え」

「はい。わかりました」

ということで、毎日毎日洗いものをやらされる。床を磨かされる。そうした日々が来る日も来る日も続くのだ。

こんなことをして何になるんだろう、いつ宇宙の神髄は分かるんだろう、なんて考えていると、いきなり後ろからバシンと頭を叩かれて、

「何だ今のは！　我と慢心を捨てろ」

と、どやしつけられる。

洗い物をしているお茶碗の中に、全ての神髄がある。何も考えずに、ただ磨く床の上に仏様の顔がある。「眉毛眼上にあり」、「柳は緑、花は紅」。そしてお茶碗は入れ物。そうした境地になるための修行なのだが、一番簡単なことだから、なかなか分からないのだ。

さて、そうして洗い物ばかり毎日続けて、三年も過ぎたある日、相も変わらずゴシゴシと茶碗を洗っているとお師匠さんが来て、

「あっ、お前、もうよろしい。その修行はできた」

と。

その頃にはどうなっているかというと、ご飯を食べ終わったら、無意識に洗い物をしている。洗い物をしようと思わなくても自動的に手が動いているという状態になっているのだ。

もちろん「何の為にこんなことを」なんて思わない。宇宙の神髄はどうのとか、悟りたいという色気もなくなって、色即是空《しきそくぜくう》の世界で茶碗を洗っているのだ。

「三年間よくやったな。よし、今度は次の修行に移ろう」

「ありがとうございます。次はどういう修行をすればよろしゅうございますか」

「うん。ところでお前は糞《くそ》をたれるか」

「ええ、たれます」

「じゃあ、その周辺を綺麗にしなさい」

次は便所掃除というわけだ。

これを六年間。こんなことをして何になるのか、というところからまた始まって、きれいとか汚いとか、そういうことも感じなくなるぐらいまで自然にできるようになった時、その人も悟りを得たということだ。

## 生活に応用できなければ意味がない

私も会社をやめて、神仕組だ、神人合一だ、と大きな夢と理想を持って植松先生のところへ来て、さて何をしたかと言うと、一年間洗い物ばかりしていたのだ。同じやるのだったら、リズミカルにということで、南無妙法蓮華経のリズムをとったり、時々南無阿弥陀仏にしたりしながら、ただひたすら洗い物に明け暮れていた。自慢ではないが一度もお皿を割ったことはない。急須は割ったが。

洗濯はもう一人修業者がいたので、後は床掃除。そういう修業をして、それまで色々本で読んだ霊的なことや、分別の知恵で勉強したことを全部頭から拭《ぬぐ》い去ることがはじまりだったのだ。

分別の知恵とは、要するに顕在意識の知恵、頭で考えた観念の世界だ。その奥に本当の知恵がある。これが、御魂であり、潜在意識である。陽明学では良知と呼んでいる。分別、人知を超えた全知全能の神様の叡智がそこにあるのだ。

だから、分別の知恵をなくすために色々なことをする。瞑想もそうだろうし、あるいは発狂寸前までギターを弾くなどというのも同じことだ。禅でも臨済宗では、問答でこの分別の知恵を叩き割っていく。また道元禅師の曹洞宗では、只管《しかん》打坐《たざ》、ただひたすら座らんがために座ろうということで、分別を越えることをテーマとしている。

植松先生はこういう難しい表現は一切言わずに、

「生活の中に全てがあるのですよ」

とおっしゃる。

「日常生活の中で、あなたのお家、あなたのお部屋、机の中を整理整頓しなさい。それが全ての修業なのですよ」

と。

住まいにこそ、最高の⊙《す》の神様がいらっしゃる。⊙《す》が坐《ま》す居場所だから、「すまい」なのだ。だから、私も一生懸命、洗い物をして床掃除をした。そして、今もそれが基本であることに変わりはない。

「神人合一の道というのは、生活に応用できなければ意味がない」というのが、植松先生の教えの根幹である。

「生活」とはいかなるものか。読んで字のごとく、生かして活用するということだ。

学才や学識は本を読んだり勉強をすれば頭には入るけれど、それは全て分別の知恵だ。神人合一はそんなことでは駄目、生活の知恵のない人間は何をやっても駄目だということで、洗い物、床掃除、草むしりなどの生活修業を一年間みっちりとやらせていただいたのである。

## 修業の眼目は中庸にある

さて、二年目より社会に出て実践せよ、ということで二十六歳の時に会社を作って、それからずっと今日まで続いている。御神業を続けながらの会社経営で、色々大変なこともあったが、一年間植松先生の元でやった生活修行は会社経営の中でも大変役に立っている。

出した物は片づける、整理整頓をする、ご飯を食べたら食器を洗う、汚いところは綺麗にする。当たり前のことをキチンとやること。さらに機転をきかし、知恵を回して、臨機応変にやるというのは、またビジネスの基本でもあるのだ。

植松先生のお弟子さんで夕方頃に洗濯物を干す人がいて、

「何故、太陽が出ている時に干さないの」

と散々先生に叱られていたことがあった。

このように生活修行ができていない人は、仕事でも、売り上げを上げなければならない時に経理をしてみたり、月末の経理をしなければならない時に、他のことを始めてみたり、というようにタイミングがことごとくずれてしまうわけだ。

雅楽や能楽には「序破急《じょはきゅう》」という演じ方の基本がある。早い時には早く、ゆっくりな時にはゆっくりと動く。そして、何もしなくていい時は何もしない。

あるいは「中庸」という言葉があるが、これも本来は右にも左にも偏らず真ん中に行く、というような意味ではない。『大学』『中庸』を勉強すれば分かるのだが、中庸の中とは、やはり早い時には早く、ゆっくりな時にはゆっくりと動く、状況に適応するという意味だ。だから、当たる（中）のである。

ゆっくりな時に急いで、急がなければいけない時にゆっくりしているのは「中」ではない。だから、外れるのだ。

中庸の「庸」とは、「庸言これを慎み、庸行これを誠にす」、つまり庸言（平凡な言葉）と庸行（平凡な行い）にあらゆる修行の眼目があるということだ。

君子の道、天子の道は、日常生活の何げない言葉とさりげない仕種にその全てがある。どんなに深遠なことを悟っても、生活の中で実践でき、生活に応用できなければ、それを活かすことはできないのだ。

## 神人合一して万能の人になる

神人合一とは、人でありながら神様のようになることだ。

神様のようになるというのは、何でもできる万能の人になるということである。身につけたことを全部能力として開花させることができるようになるということだ。

その基本はポイントを押さえて、生活の中に実践活用していくこと。生活の叡智を身につけること。その修行は脚下照顧して、自らの日常のたたずまい一つ一つを見直していくことである。

本で勉強して大層なことを言えるようになっても、超能力を身につけて未来のことが予言できても、背後霊が見えるようになっても駄目なのだ。神様のお告げで、世の中がどうなるものでもない。全ては、実践にかかっているのである。

洗い物をしていて急須を割って叱られる。その時、余計なことを考えていた……、それで余計なことを考えながら仕事をしてはいけないということが分かるのだ。そうやって、叱られながら、体得していく。これが全て修行の基礎なのである。植松先生は「親のしつけ、子どものしつけ」と言うが、私たち当初のお弟子は、そうやって、いつも有形無形のうちに植松先生に育てられてきた。

そしてやがて、狭い台所でも、ご飯を作りながら、同時に掃除をしながら、片づけ物もしているというようになっていく。ご飯が出来た時には、もうキッチンの拭き掃除も終わっている。流しもピカピカになっている。

「はい」

と、ご飯を出して、一緒に食べながら、済んだなと思ったらおもむろに片づけだすが、もう最小限しか片づけものはないので、パッと済ませて、ちゃんと団欒《だんらん》に加わっている。

ご飯を作ればいいというものではないのだ。

仕込みに一時間、制作に一時間かかりっきりで、後片づけも一時間というようにやっていたのでは、生活の中で勉強する時間もない。

つまり、いかに段取りよく、いかにスピーディーに、いかにポイントを押さえ、いかに無駄がなく、いかに素材を活用していくのかということだ。これが完璧になるとまさに神技であり、神様の叡智と直結した状態にまで高められるのである。

そして、スピーディーに段取りよく物事をこなしていくためには、やはり整理整頓ということが基本になるのだ。

## 整理整頓が基本にして極意

企業でも優良なところは全て例外なく、この整理整頓が徹底しているようだ。

京セラ会長の稲盛和夫さんは自社の工場を視察に行って、ちょっとでも塵が落ちていると機嫌が悪くなる。だから、会長が見に来るというと工場の人たちは、慌てて散らかっているものを片づけるのだが、

「うーん、大体綺麗に整理されているナー。でも、こういう仕事をする人間は、大抵この下あたりに物を放りこんでいるものなんだよね」

と稲盛さんが作業台の下を覗くと、整理されてないものが出てくる。すると、

「これは、整理整頓とは言わない。こんなことだから、生産の合理性も上がらな

いのだ」と雷が落ちる事になる。

私の会社にも『整理整頓』と張り紙が貼ってある。そして、「整理整頓、整理整頓」と、口がすっぱくなる程いつも言っているので、聞くほうは耳にタコができたり、イカができたり、墨を吐いたりしているようだ。

経営のトップの人が見ているのは、簡単なところなのだ。基本となる部分がしっかりとしていなければ、その上に何を乗せても、ぐらついて安定しない。結局行きつくところはそこになるのだ。

## 掃除から神業《しんぎょう》へ

整理整頓が大切だということは分かっていただけたと思う。

しかし掃除をするにしても、「散らかっていると、またお母さんがブーブー言うから掃除をしておこう」とか、「社長がうるさいから、片づけておこう」、あるいは「本に書いてあったから整理しよう」という人がいるかも知れない。それではただ掃除をしているに過ぎない。禅宗では洗い物をするといったが、それは単なる洗い物ではないわけだ。

そうすることによって、自分の眠っている魂を呼び起こすこと、あるいは邪霊を入れないというためにも掃除をしてキレイにするのだということを再確認していただきたい。

「ここに、守護霊様、守護神様、そして⊙《す》の神様に来ていただくためにお掃除をさせていただこう」

そう思えば、それは喜びとなるはずである。

これが神人合一の道の基礎なのだと思って、掃除をし、洗濯をし、洗い物をする。そうすれば、それは単なる掃除や洗濯や洗い物ではなく、「神業《しんぎょう》」なのだ。

そうした深い意味を理解してやっているかどうか、自分の魂は知っているし、守護霊さんも神様もご存知なのである。これが同じ簡単なことでも、ただの掃除で終わるか、神業になるかの大きな境目となるのだ。

これをもう少し霊学的に説明すると、神様を迎える気持ちで日常の場を綺麗にしていると、自分の中の御本霊があきらかになり、上半身のあたりがさっぱりとした感じになって、魂が輝いて霊光を発し出すのである。

その霊光の輝きが守護霊を呼び、守護神を呼び、神気が凝結してくるのだ。そのような状態になれば、おのずと邪気や邪霊は近寄って来ない。少なくとも常にそうした状態を保っているのでなければ、神人合一とは言えないだろう。

頭で考えて理念で分かっても、神様と一体になりたいと一生懸命お祈りしても、献金してても何をしても、綺麗にして神様に来ていただくという基礎中の基礎ができていないと、邪霊の巣になってしまう危険がある。これが大本教の出口王仁三郎などが当初行っていた鎮魂法帰神術《ちんこんほうきしんじゅつ》（魂をしずめ、神を降ろして神掛かりになる行法）の問題点でもある。

最高神というのは呼べば来るというものではない。呼んで来るのは、その人のレベルに合った霊だけなのである。

## 神様は綺麗好き

霊光の輝きが、邪気邪霊を追い払う。

だから私も、頭がこんがらがってどういうふうにしたらいいか分からなくなったり、変な霊が寄って来た時は、基本の基本にたちかえるようにしている。窓を開けて突然掃除を始めたり、おもむろに机の引き出しの整理をしたり、洗い物を突如として始めたり。

それから、丹沢の水でコーヒーをたてたり、スイス風目玉焼きとか納豆梅じそ玉子巻きなどのお料理を作ったりするのだが、とにかく頭じゃなくて体を動かすことだ。

するとたちまち霊光が輝きだして、頭もスッキリと整理される。霊的にピシッとするのだ。これが儒学の神髄、禅宗の神髄、神法中の神法なのである。

その深い意味が分からないから、整理整頓といっても掃除洗濯といっても、なかなか実践しない人が多いのだ。

運のいい人というのは、いいと思うことをすぐに実践するから、すぐにいい結果が出る。逆に運の悪い人というのは、同じことを聞いても「そうかなぁ」といって、次の日になっても実行しない。それでますます差が開いてしまうのだ。

神道では清潔主義ということを非常に重んじている。だから、神社の庭は綺麗に掃き清められている。玉砂利がいつも乱れたままになっているようなお寺や神社には、邪気がいることが多い。これは、住まいには☉《す》の神様がいらっしゃるのだという植松先生の言葉そのままである。つまり、神様は清潔好きだから、神様のいらっしゃるところは綺麗にしておかなければならないのだ。

　神霊世界を見ても非常に綺麗である。ワールドメイトで開いている「星ツアー」（神霊のいる星に私がガイドして連れて行くという技の一つ）に行った人はお分かりだろうが、ゴミがゴチャゴチャ散らばっているようなところはまずない。すべてピシッと整頓されていて、建物も町並みも整然としている。

　着るものにしても、ボロボロの服をまとっている神様というのはいない。

　これが高級神霊界の実像であるのだから、やはりこの道は間違いないのである。そして、星の世界がこうだということは、自分の周囲も同じようにすれば、神様は喜んで来て下さるということになる。宇宙からの強運を授かるコツである。

　だから、自分の住んでいる住まい、仕事をしている人は職場、学生だったら自分の勉強部屋、かばんの中、学校の机の中を、まず綺麗に整理してピカピカにすることだ。それが、邪気を追い払うことでもあるし、本人の魂を輝かせることでもあるし、守護霊様守護神様、そして☉《す》の神様に居心地良く来ていただくことにもなる。それが神人合一のための修行の基礎の基礎なのである。

## 君子は本《もと》を務《つと》む

論語の中に「君子は本を務む」という有名な言葉がある。君子というものは全ての根源的な物事に対して、一生懸命努力するということである。

神人合一の基本は整理整頓にあるということを詳しく説明してきた。神様を迎えいれるためには清潔にしなければならない。それは神様が綺麗好きだからだ。

神様に好まれるためには、神様がしてほしいようにすることである。そして、自分自身が神様の好むことを好むようになれば、それは自分自身の魂の喜びにもなる。あるいは、逆に私たちの魂が心から喜んでいる状態こそ、神様が一番望んでいることだということもできる。何故なら、人は元々神なのであり、本来私たちは神と同じ素質と能力を備え持っているからだ。

人に願いがあるように、神にも願いがある。

神の人への願いとは――

一、人よ、立派になって神人合一してほしい。
一、多くの人を神人合一させてほしい。
一、神の意を顕現させた弥勒の世を作ってほしい。

の三点である。

同時に、これは私たちの御魂の願いでもあるのだ。

そして、この願いを実現させるべく、三千年に渡って仕組まれた「神仕組」。幾多の聖人を世に送り、人類の霊性を上げてきたこの神のシナリオは、二十一世紀を迎えた今、いよいよ完成段階に近づいている。

そのためにこそ、⊙《す》の神様は植松先生のもとに「神人合一の道」を降ろされたのだ。そして私がそれを継承し、多くの夙魂を持つ、神縁ある方々と出会う中からワールドメイトというグループが作られ、神人合一の道をあまねく世に伝えようとしているのだ。

神様の御心は真・善・美、そして愛に満ちあふれている。だから私たちも道を志し、真・善・美そして愛を貫けば、深い感動に到達することができるのである。

そして、誰もが必ず、万能の神と同じようにあらゆる分野での能力を開発することが可能なのだ。

私たちが持てる能力を発揮して、神様の創った世の中のために役立てていくことは、神様に一歩近づくことに他ならない。だからこそその時、魂は喜びを感じ、神様もそれを喜び、応援してくださるのだ。

君子は本《もと》を務む――。

神人合一した先人である孔子は、地位や名誉や位というものを一切否定していない。ただ、それは君子が根源的なものを務めた結果、おのずから社会が評価し、天が与えるものだというのだ。それを天爵という。

霊界に入っても天爵というのはあって、天の爵位をいただいている人は、冠をつけていたり、首飾りをしていたり、立派な衣装をまとっていたりしている。天徳に見合った地位、名誉、位というものがあの世（霊界）にもあるのである。

地位や名誉や位は、無理に得ようとして得られるものではない。会社でその実績によって昇給したり、抜擢されたりするのと同じことが、神霊界でもいえるのである。だから「只今、只今」の努力を一生懸命することが大切なのだ。

## 人の願い、神の願い

音楽の世界で筒美京平さんという作曲家の名前は聞いたことがあると思う。大変有名な方で、ＮＨＫの「紅白歌合戦」で歌われる曲の三分の一ぐらいが筒美さんの作品であった時期が何年もあった程である。歌謡曲から演歌、ポップス、ジャズ、ロック、クラシックに至るまで何でもこなし、色々なジャンルの音楽祭で、筒美さんの曲はいつもベスト３以内に入っている。

その筒美さんでさえ、なかなか新曲のアイデアが出ずに、悶々《もんもん》と過ごす日々があるそうだ。しかし、どんなに閃きが出なくても、練習だけは必要だということで、どんな時でも一日最低十時間はピアノを弾いているということだ。

このように一流と言われる人でさえ、否、一流の人だからこそ、本を務めることを怠らない。まさに道に合致しているといえるだろう。

この本のテーマは「強運」ということだが、世間から見て「強運」を摑んでいると思える人、一流になっている人というのは、常に「只今」の努力を怠らず、本に務めている人である。

その志が、真・善・美そして愛という神様の御心にかなっていれば、守護霊様、神様は力を貸して下さる。人の努力と神霊の応援、自力と他力が一つになるからこそ、運命は実り結実するのである。そして、地位や名誉や位は後からついて来るものなのだ。

だから、芸術でも宗教でも学問でも何でもいいのだ。その人の職業と天分にあわせて、世の中の役に立つための努力を続けていくことだ。形ではない、神様は本質を見ていらっしゃる。その意味で神様はあくまで平等なのである。

「強運」を摑むこととは、神様の御心にあったことをすることであり、それが同時に神人合一の道なのだ。本人の魂が心《しん》から喜び、実際に世の中がよくなり、神仕組が進んでいくこと。それが神様の真の願いなのである。

## 《宇宙からの強運コーナー　その四：正しい〝神だのみ〟に使うマーク》

〜『神界幸運ロゴ』パワーマークとその使い方〜

このコーナーでは、『強運』を読まれた方にはおなじみの、パワーマークをご紹介しよう。巻末の袋とじページをご覧いただきたい。未発表のものを含め、十六個のマークが収録されている。

このパワーマークの意味や使い方については、強運にも記した通りだが、ここでもう一度ふれておこう。

パワーマークというくらいだから、このマークにはパワーがこもっている。というよりも、むしろ「パワー受信装置」といったほうがいいだろう。神霊星世界からの霊的波動をキャッチして発しているのが、これらのパワーマークなのだ。幸運の星、強運の星、邪気を祓う星、金運を呼ぶ星……など、さまざまな星から地上にふりそそぐ波動を受信し、集め、強力に増幅して、私たちが感じる具体的なパワーとして地上にあらわしてくれるのだ。

これらのロゴは、星の世界に旅をしたときに、直接神霊から教えられたものを筆録したり、星の神霊界から直接降ろされたものであり、皆、ひととおり実験してパワーを確かめたものばかりである。ただし、このパワーマークは、無作為にはたらくものではない。本文中にも「いいものは確信せよ」という内容を書いたが、パワーマークも同じだ。パワーを確信して用いれば、その信じる力をエネルギー源として、神霊界からのパワーがふりそそぐことになっている。

《使い方》

自分が今一番ほしいと思っているパワー発生のマークを見つけ出し、コピーをとってそれを机や壁などに張る。あるいは、持ち歩いてもよい。

そして、あまり騒々しくない静かな場所で、以下のようにしていただきたい。

①図の中心を、最低一分間は見続ける（霊的に鋭い人は、マークが金色、あるいは薄紫色にピカピカ光っているのが分かるだろう）。目の奥から自分の潜在意識の中に、マークが刻印されるようなイメージで見ればいいだろう。

②すでに、目的は達成された、という思いをつくる。一分間見続けたあと、パワーが全身を包み、すでに願いは叶ったんだ、という意識を強く持つようにする。「すでに○○は成った！」と口に出すのもいいだろう。

③マークが意識の中で「生きている」と感じるようにする。つまり、神霊星世界のパワーが脈打っていることを信じる訳だ。

④その他、特別な使用方法があるパワーマークについては、その都度ただし書きがしてあるので、参照されたい。

⑤マークの用途と合致するパワーコール（『強運』参照）を唱え、本文の内容を実践すれば、強運作用は倍加される。

なお、巻末袋とじページの最後に記載してある『天津祝詞《あまつのりと》』は、神霊界に通じる祈り言葉の一つだが、これも現代流にいえばパワーコールの一種と言える。この『天津祝詞』を三〜四回唱えて神気をみなぎらせた後、『神界幸運ロゴ』パワーマークを用いるのもいいだろう。

以上、五つのポイントを押さえながら、マークを活用していただきたい。もちろん、小さくコピーして身に付けてもいい。

繰り返すが、「このマークを通じて、本当に神霊星世界のパワーが来ている。溢れている」と信じる力の強さに応じて、パワーの強弱は変化する。強く信じれば、それだけ強く星の神霊界に感応し、強いパワーが得られるという訳だ。

「本当かなぁ、信じられないなぁ」

などという思いでいくらマークを見続けても、時間の無駄になるだけだ。

また、このパワーを他人に向けて発射したりすることもできない。つまり、信じて行った人のみが得られるパワーなのである。さらに、悪用目的や遊び半分の気持ちで使うことも避けていただきたい。

『強運』でもふれたが、このパワーマークは、「本人の潜在意識を高め、神霊界の神気や波動をもたらすコンピュータ言語、あるいは合図だと思えばよい」と、アンドロメダ天界の神様から教えていただいた。ということは、それだけの強力なパワーを持っているということだ。したがって、正しい心（われもよし、他人もよし、神霊界もよしという気持ち）で使用するならば、爆発的に運が開けるが、他人の不幸を願ったり、不純な目的のために使おうとしたりすれば、パワーは止まってしまうことだろう。それればかりか、神霊界のものをおもちゃにしたということで、天罰や戒めが下ることになる。また、当然のことながら、個人的に使用する分にはよいが、コピーして人に売ったり、勝手に商品化してお金もうけに使うことなどは御法度である。パワーが強いだけに、この点だけは十分注意していただきたい。現実的にも、意匠・商標登録済であるので、念のため。

なお、『強運』に紹介したロゴや、この中のいくつかのロゴマーク入りの身体に付ける金、銀の神界幸運ロゴ製品を作っている。銀は精神面、金は物質面で強い霊的作用をもたらす。希望者は左記へ問い合わせてみるか、カタログを請求されるのもいいだろう。すでに、私自身が実験してすごいパワーを体験している。

★生活文化事業部…０１２０・５３１・５１３（フリーダイヤル）
受付時間　午前10時〜午後7時（年末年始を除く）

深見東州氏の活動についてのお問い合わせは、下記までお願いいたします。
また、無料パンフレット（郵送料も無料）が請求できます。ご利用ください。

**お問い合わせ　フリーダイヤル**
**0120 - 50 - 7837**

◎ワールドメイト

| | |
|---|---|
| 東京本部 | TEL 03-6861-3755 |
| 関西本部 | TEL 0797-31-5662 |
| 札幌 | TEL 011-864-9522 |
| 仙台 | TEL 022-722-8671 |
| 東京（新宿） | TEL 03-5321-6861 |
| 伊勢・中部 | TEL 0596-27-5025 |
| 名古屋 | TEL 052-973-9078 |
| 岐阜 | TEL 058-212-3061 |
| 大阪（心斎橋） | TEL 06-6241-8113 |
| 大阪（森の宮） | TEL 06-6966-9818 |
| 高松 | TEL 087-831-4131 |
| 福岡 | TEL 092-474-0208 |

◎ホームページ
https://www.worldmate.or.jp

教授者。高校生国際美術展実行委員長。現代日本書家協会顧問。社団法人日本ペンクラブ会員。現代俳句協会会員。

カンボジア王国国王より、コマンドール友好勲章、ならびにロイヤル・モニサラポン大十字勲章受章。またカンボジア政府より、モニサラポン・テポドン最高勲章、ならびにソワタラ勲章大勲位受章。ラオス政府より開発勲章受章。中国合唱事業特別貢献賞。西オーストラリア州芸術文化功労賞受賞。西オーストラリア州州都パース市、及びスワン市の名誉市民(「the keys to the City of Perth」、「the keys to the City of Swan」)。また、オーストラリア・メルボルン市の名誉市民及びシドニー市市長栄誉賞受賞。紺綬褒章受章。ニュージーランド政府より、外国人に与える最高勲章ニュージーランドメリット勲章を受章。このような学歴や名誉に関係なく、普通で飾らない性格や、誰とでも明るく楽しく話す人間性が特色。

西洋と東洋のあらゆる音楽や舞台芸術に精通し、世界中で多くの作品を発表、「現代のルネッサンスマン」と海外のマスコミなどで評される。声明《しょうみょう》の大家(故)天納傳中大僧正に師事、天台座主(天台宗総本山、比叡山延暦寺住職)の許可のもと在家得度、法名「東州」。臨済宗東福寺派管長の(故)福島慶道師に認められ、居士名「大岳」。ワールドメイト・リーダー。182万部を突破した『強運』をはじめ、人生論、経営論、文化論、宗教論、書画集、俳句集、小説、詩集など、文庫本を入れると著作は290冊以上に及び、7カ国語に訳され出版されている。その他、ラジオ、TVのパーソナリティーとしても知られ、多くのレギュラー実績がある。

(2018年7月現在)

**深見東州（ふかみ とうしゅう）**

本名、半田晴久。別名戸渡阿見《ととあみ》。1951年生まれ。同志社大学経済学部卒。武蔵野音楽大学特修科(マスタークラス)声楽専攻卒業。西オーストラリア州立エディスコーエン大学芸術学部大学院修了。創造芸術学修士(MA)。中国国立清華大学美術学院美術学学科博士課程修了。文学博士(Ph.D)。中国国立浙江大学大学院中文学部博士課程修了。文学博士(Ph.D)。カンボジア大学総長、教授(国際政治)。東南アジアテレビ局解説委員長、中国国立浙江工商大学日本文化研究所教授。また有明教育芸術短期大学教授などを歴任。ジュリアード音楽院名誉人文学博士ほか、英国やスコットランド、豪州で5つの名誉博士号。またオックスフォード大学やロンドン大学の名誉フェローなど。カンボジア王国政府顧問(上級大臣)、ならびに首相顧問。在福岡カンボジア王国名誉領事。アジア・エコノミック・フォーラム ファウンダー（創始者)、議長。クリントン財団のパートナー。オペラ・オーストラリア名誉総裁。また、ゴルフオーストラリア総裁。ISPS HANDA PGAツアー・オブ・オーストラレイジア総裁。世界宗教対話開発協会(WFDD)理事、アジア宗教対話開発協会(AFDD)会長。

国立中国歌劇舞劇院一級声楽家、国立中国芸術研究院一級美術師、北京市立北京京劇院二級京劇俳優に認定。宝生流能楽師。社団法人能楽協会会員。IFAC・宝生東州会会主。「東京大薪能」主催者代表。オペラ団主宰。明るすぎる劇団東州主宰。その他、茶道師範、華道師範、書道

新書
# 宇宙からの強運

平成二十六年七月三十一日　初版第一刷発行
令和　元年　六月二十日　初版第四刷発行

著　者　東州土偶
発行人　杉田百帆
発行所　株式会社　たちばな出版
〒167-0053
東京都杉並区西荻南二丁目二〇番九号
たちばな出版ビル
電話　〇三-五九四一-二三四一（代）
FAX　〇三-五九四一-二三四八
ホームページ　https://www.tachibana-inc.co.jp/

印刷・製本　萩原印刷株式会社

ISBN978-4-8133-2524-6